誰でも龍と
おしゃべり
できる

龍トレ

The Dragon Training
How to chat
with a Dragon

ドラゴンメッセンジャー
橋爪ゆりあ

フォレスト出版

はじめまして
橋爪ゆりあと申します
犬と猫と夫と暮らしている
ごく普通の主婦です
私はドラゴンメッセンジャー
として
龍とともに毎日を自分らしく
暮らしたいと思っている方の
サポートをしています
「ドラゴンメッセンジャー?」
ちっとも普通の主婦なんかじゃない
こう思った方もいらっしゃる
かもしれませんね
「龍とおしゃべりできる」
なんていうと
サイキックな能力がある
特別な人を連想する
かもしれません

龍にまつわる本を出されている方や
龍のエネルギーとつながることが得意なスピリチュアル系セラピストの方などは
幼い頃から目には見えない力をお持ちの方だったり
何かをきっかけにスピリチュアル能力が開花したという方が多いように思います
でも私自身はそういう能力は一切ありません
私も当初は龍の存在を信じていませんでしたが
能力の「ある」「なし」に関係なく誰でも龍とコミュニケーションをとることができます
トレーニングすることであなたも話せるようになれるのです
人とコミュニケーションをとりたいと思っている龍とそんな龍と共に生きたい人との縁結びをしたいと思って
私はこの本を書くことにしました

私と龍が出会ったのは
10年前のこと
私は派遣社員として
働いていて
朝から晩まで電話で
お客様とお話
していました
お給料も
人間関係にも恵まれ
同僚と飲みに
行ったりと
それなりに楽しく
暮らしていました
プライベートも夫とペットたちと
賑やかな生活をしていて
毎日なんやかんや忙しく
特に大きな夢や目標を
考えたこともない
平凡だけどまぁまぁ
幸せな毎日の中で

あるスピリチュアルカフェに通ったことが龍と出会うきっかけになったのです
女神のお茶？
MENU
女神のお茶
アフロディテ
メニューに書かれていることも
集う方たちの言葉もはじめはさっぱりわからなかったのですが
金龍
？
龍
みなさん楽しそうで居心地がよく
たびたび足を運ぶようになっていき
私はそこでオラクルカードや占星術など
色々なことを学ぶようになりました

ある時カフェで出会った方が開く
江の島の龍のイベントに
参加することになりました
龍イベント
まだ龍との縁は
感じていない私
こちら私が
お話している
龍です
しかしそこはそんな私のような
初心者が行くのではないイベントで
参加者の皆さんは
龍と話し見える方が
ほとんど
マ・・マニアック・・
歌い踊り出す人も
あちこちにいて
面食らうことばかりでした
主催者のお話も
全くわからず
龍を見たことが
ある人はいますか?
えっ見えるわけ
ないじゃん
はい!

龍とワークしている方はいらっしゃいますか？
怪しすぎ
色々やってます！
相当ヤバいところに来てしまった
当初はそんなことを思ったものですが
龍というものは身近にいてほとんどの人に相棒のような龍がいます
龍も人間とともに成長したがっているんですよ
その言葉に心を動かされ刺激を受けちゃったのです
そんなことができたらいいなぁ
それからしばらくすると

あれ？これはもしや・・・
龍の気配や姿を少しずつ感じるようになっていったのです
初めて龍を感じたのはスピリチュアルカフェのすっかり常連になった頃
ガタン
ゴトン
今日は富士山見えるかな？
なぜか大きな白い雲が目に入りました
その雲の間から
はっ

眩しいほどに
キラキラと
光る龍でした
白い龍はそのまま
地上に向かって
降りていきました
思わず叫びそうに
なりましたが
私以外見えてない
龍は瞬きする
間に消えていて
夢でも見たの？
実は同じ日に
もう一つ不思議な
出来事が起きるのです
働くコールセンターには
たくさんのデスクが
並んでいるのですが

オフィスの奥のほうから
キラッ
はっ
白く光る物体が
こちらに向かって
きたのです
長く尾を引いていて
龍とか蛇とかナマズ
そんなイメージ
でした
デスクの間を
すり抜けて
するり
他の人には
見えてない
すーうっ
!

私の足元をすり抜けた瞬間には風圧まで感じたのです
うわっ何これ
その光る物体は
すぅっ
しばらくデスクの間を走り回った後消えました
なんだか不思議なことが立て続けに起きてる
同僚にチラッと話してみました
大丈夫?疲れているんじゃない?
やはりそう言われました
それからは雲の間や木々の間から気配を感じ
オフィスの中でも頻繁に走り回っているのがわかりました
最初は光や色を感じる程度でしたが
だんだんと龍の形や質感がわかるようになっていったのです

私の場合は光や音風圧といったものから
見える姿・形・質感となり
次に映像でメッセージが伝えられ
最終的に言葉で会話できるようになったという感じです
初めは空耳だろうと思ったりもしましたが何度もサインをくれるので
徐々に受け入れるようになっていき
気がついたら龍が近くにいるのが普通になっていったのでした

龍とおしゃべりするように
なってから知りたいことは
龍が教えてくれるように
なりました
たとえば龍たちは意思疎通ができる人間が
増えることを望んでいること
人間とともに成長することが龍にとっても
生きがいになることなどです
私は龍と
おしゃべりをして
ひとりでも多くの方が
幸せになるお手伝いが
できたらと思うように
なりました
それが龍の言葉を通訳する
ドラゴンメッセンジャーの
養成につながりました
本書ではそのエッセンスを
たっぷりご紹介してまいります
龍トレ
お楽しみになさって
くださいね

はじめに

「誰でも龍《りゅう》とおしゃべりできるんです」

はじめまして。

橋爪《はしづめ》ゆりあと申します。

私は犬と猫と旦那様《だんなさま》と暮らしているごく普通の主婦です。

仕事は「ドラゴンメッセンジャー®」です。龍とともに毎日を自分らしくエキサイティングに暮らしたいと思っている方のサポートをしています。


「ドラゴンメッセンジャー？　ちっとも普通の主婦なんかじゃない」

こう思った方もいらっしゃるかもしれませんね。

確かに、「龍とおしゃべりできる」とか、「龍からのメッセージが受け取れる」というと、サイキックな能力がある特別な人を連想するかもしれません。

実際に、龍にまつわる本を出されている方だったり、「龍のエネルギーを扱う」といったことが得意なスピリチュアル系のセラピストの方などは、幼い頃から何らかの目には見えない力をお持ちの方だったり、何かをきっかけに、スピリチュアル能力が開花したという方が多いように思います。

でも、私に関していえば、そういう特殊能力は一切ありません。

私も当初は龍の存在を信じていませんでした。ところが、サイキック能力の有無とはまったく関係なく、実は誰でも龍とコミュニケーションをとることはできるのです。ちゃんとトレーニングをすることで、あなたも龍と話せるようになります。

人とコミュニケーションをとりたいと願っている龍、そして龍とともに生きたい人との縁結びをしたいと思って、私はこの本を書くことにしました。

スピリチュアルな扉を開いたきっかけ

私が龍と出会ったのは、10年ほど前でした。

龍に出会う前までは、派遣社員として働いていて、コールセンターで朝から晩まで電話でお客様と話をしていました。人と話すのは嫌いではなく、どちらかといえば向いている仕事だと思っていました。

比較的、成績のよかった私は社長賞などをもらうこともありました。会社の人間関係も問題なく、特に不満はありませんでした。お給料も人間関係もむしろ恵まれているほうだと思っていましたし、毎日普通に通勤して仕事して残業して同僚と飲みに行って、それなりに楽しく暮らしていました。

プライベートは、旦那様と二人暮らしで子どもはいませんが、ペットの犬3匹、猫

3匹とまあまあ賑《にぎ》やかな生活でした。趣味は犬の散歩と猫とのお昼寝。旦那様とはラブラブでもなくケンカするでもなく、まあまあ仲良し。毎日なんやかんや忙しく過ごしていて、特に大きな夢や目標を考えたこともありませんでした。

そのような、可もなく不可もなく、平凡だけどまあまあ幸せな毎日の中で、あるスピリチュアルカフェに行ったことが、龍と出会うきっかけになったのです。

そのカフェは、メニューを見ると、女神のお茶とあり、「アフロディーテ」「アルテミス」「アバンダンティア」などと書いてあって、どんなお茶だか、さっぱりわかりませんでした。お店に集《つど》っていた方たちからも、「龍、天使、宇宙、金星、次元がどうのこうの……」といった、ちんぷんかんぷんな言葉が飛び交《か》っていました。

ただ、みなさん楽しそうで、ワクワクした雰囲気が居心地よく、たびたび足を運ぶようになりました。私はそこで、レイキ、オラクルカード、数秘術、気学、占星術など、いろいろなことを少しずつ学ぶようになったのです。

気づいたら、龍が近くにいるようになった

あるとき、ひょんな流れからそこで出会ったセラピストの方が開く江の島の龍のイベントに参加することになりました。

そのときもまだ、龍とのご縁は感じていませんでした。たまたま実家が鎌倉で、江の島の近くで育ったため、イベントの開催場所に親近感があったくらいです。

しかし、それは私のような初心者が行くのではない超マニアックなイベントで、セラピストの方をはじめ、参加者のみなさんは、すでに龍とおしゃべりができたり、姿が見える方などがほとんどでした。

最初に驚いたのは、急に歌いだしたり踊りだしたりする方がいることでした。

あちこちに水を撒《ま》いたり、見たことがない楽器を奏でる方がいたりもしました。
当時の私にとっては面食らうことばかり。
主催者の方のお話も、まったく意味がわかりませんでした。

（主催者の方）「龍を見たことがある人はいますか？」
（私の心の声）「は？　見えるわけないじゃん！」
（参加者の半分以上の方）「はい！」
（私の心の声）「ええっ！」
（主催者の方）「龍とワークしている方はいらっしゃいますか？」
（私の心の声）「はぁ〜？　いるわけないでしょ！」
（参加者の半分くらいの方）「いろいろとやってます！」
（私の心の声）「ホントに？」

このような話を聞きながら、当初は相当ヤバいところに来てしまったと思ったものでした。

ただ、「龍というものは、身近にいるものだということ」「ほとんどの人に相棒のような龍がいる」「龍は人間とともに成長したがっている」といったお話にとても心を動かされて、刺激を受けてしまったのです。

まるでファンタジーや漫画のような世界でした。

それから、しばらくすると、

「あれ？　これは、もしや龍では？」

「今の声は何？　誰かいた？　いや、いない？　やっぱり龍？」

というように、龍の気配や姿を少しずつ感じるようになっていったのです。

もちろん、はじめは「空耳だろう」「私、疲れてるんじゃないか」と、思ったりしましたが、何度も何度もサインをくれるので、徐々に受け入れるようになりました。

そして、いつの間にか、気がついたら、龍が近くにいるのが普通になっていたのです。

龍は意思疎通ができる人が増えることを望んでいる

龍とおしゃべりするようになってから、知りたいことがあれば、ほとんど龍が教えてくれるようになりました。

たとえば、龍たちは、意思疎通ができる人が増えるのを望んでいること。また、人間とともに成長することが、龍にとっても成長の証《あかし》であり、生きがいになること、などです。

龍とのコミュニケーションを通して、私は「龍とおしゃべりができる仲間を増やして、一人でも多くの方が今よりもっと幸せになるお手伝いができたら、こんなにうれしいことはない」と思うようになりました。それが、龍の言葉を通訳する「ドラゴンメッセンジャー」の養成につながりました。

この講座を受けると、なんと約9割の方は、龍から何らかのメッセージを受け取れるようになっています。


本書ではそのエッセンスをたっぷりご紹介してまいります。

楽しみにしてください。

龍とともに生きると、〝人生の質〟がまったく変わる！

龍とおしゃべりできるようになると、何が変わるでしょうか？

私自身が龍とおしゃべりできるようになって、一番変化したことは何かといえば、〝人生の質〟そのものです。

私は、龍とともに悩める方たちのご相談に乗ることもありますが、そもそも自分がセラピストになること自体、まったく想定外のことでした。

前述したように、私は前職に特に不満もなければ、やりたいこともありませんでした。「家族が健康で、毎日おいしいご飯が食べられるのが平凡でも一番幸せ」って、本気で思っていたんです。

その気持ちは今も持っていますが、龍と出会ったことで、龍のアドバイスを元に行動するようになった結果、自分自身でも思いもよらなかった人生の新しい扉が次々と開き、想像もしていなかった人とのご縁や素晴らしい経験をさせていただくようになりました。

しかも、すべての展開がジェットコースターのごとく速いのです。

龍とともに生き始めると、何が起こるか予期できないことばかりですが、毎日が新鮮でワクワクし続けています。

今は、龍とともに生きることは、「**本来の自分を生きること**」なのだと思っています。

龍とおしゃべりしながら、ワクワクする幸せな人生をつくりましょう！

空を見上げて龍に見える雲を見たことはありませんか？
龍と話すことができたら、いろいろと教えてもらえるのに……と思ったことはないですか？　そんなことできるわけないと思っていますか？

時代が変わり、今は自分の夢を叶《かな》えることが大事な時代になっています。目的を決めさえすれば、龍はそれを叶えるために動いてくれるでしょう。

以前の私のように、「特別に何かをしたいわけではないし、不満もない。それなりに幸せ」と感じている方も、意外と多いのではないかと思います。

今、目標や夢がすぐに浮かばなくても大丈夫です。「何か面白いことないかなぁ」

と思っている方は、龍とおしゃべりすることを目的にするところから始めるのもいいかもしれません。

龍とおしゃべりすることで何が手に入るでしょうか？

最初は何もかもがスピーディーになり、トントン拍子に進むので、浮かれ気味になるかもしれません。ドラゴンパワーは想像を超えたパワフルさなんですよ。

あなたが望むなら、龍という最強のサポーターとともに、人生をすっかり思い通りにつくり替えることもできるのです。ワクワクしますね。

私の周りには、龍とコミュニケーションをとるようになって、人生がガラリと好転した方がたくさんいらっしゃいます。

次はあなたの番です。

今のあなたには想像できない未来が待っていることでしょう。

『誰でも龍とおしゃべりできる龍トレ』もくじ

第1章　「龍」ってどんな存在なの？

第2章 「龍」と一緒にいると、どんないいことがあるの？

第3章

龍とおしゃべりするには「夢」の設定が鍵

第4章 龍活トレーニング 龍とおしゃべりする方法【実践編】

第5章

龍活トレーニング 龍とおしゃべりする方法【体と心編】

第6章 龍トレ体験談

装丁・本文デザイン／山田知子（chichols）
漫画・イラスト／枇杷かな子
DTP／キャップス
編集協力／林美穂

第1章

「龍」ってどんな存在なの？

龍はどこにでもいる

あなたがこれからコンビを組む「龍《りゅう》」の実態について、私が龍から聞いたことをお伝えしたいと思います。

あなたは、龍がどこにいるか知ってますか？

「神社？」「空？」「海？」「パワースポット？」「別次元？」

はい。全部、正解です。実はどこにでもいるのです。

この本を読んでいるあなたのすぐ隣にもいるかもしれません。

もちろん、あなたの家の中にも龍はいます。

人とコンビを組んだりして人と一緒にいる龍もいれば、そうじゃない龍もたくさんいます。

私はドラゴンメッセンジャーとして、セッションのときにクライアントさんと一緒にいる龍と会話をします。リアルに私のセッションを受けたことがある方は、私の視線が斜め上あたりにあるのを目撃していると思います。

クライアントさんはコンビを組んでいるという意識を持っていないとしても、龍は一緒にいるんです。

今まで4000人以上の方のセッションをしていますが、龍が近くにいない方に出会ったことがありません。

聞くところによると、龍と一緒にいない方もいるらしいのですが、私はまだそういう方に出会ったことがありません。それくらい、龍は身近にどこにでもいる存在です。人の数より多いかもしれません。

私たちの肉眼では見えていませんが、必ずといっていいほど龍はあなたのそばにいます。

龍が好む場所はどんなところ？

「どうしたら、龍がそばにいることに気づけるのかな？」って思いますよね。

それこそあなたのおうちにも会社にもいる龍ですが、「龍を感じやすい場所」「存在をキャッチしやすい場所」というのはあります。

神社や周辺のパワースポットにいる龍

神社は空気が澄んでいて、神さまのいる場所ということもあり、間違いなく龍がたくさん集まっている場所です。神社には龍の絵や彫刻などもたくさんありますね。龍にとっては居心地のよい場所なのです。

最初はそこから龍のエネルギーを感じるのもいいでしょう。神社巡りが好きな方も多いですよね。私も神社に行ったときはゆかりのある龍さんにご挨拶《あいさつ》することはよくあります。

神社の周りとかパワースポットといわれている場所にも龍はいます。

やはりエネルギーが良くて居心地がいいと龍も集まってくるのでしょう。数が多いのでよく写真に写り込んだりします。

神社やパワースポットにいる龍たちも、縁があって人とコンビを組むこともあるようです。みんなご縁があって出会いがあるのですね。

たとえ、龍神《りゅうじん》さまが祀《まつ》られていない神社であっても、龍はいるものです。あなたの家の近所の神社にもきっといるでしょう。

自然の中にいる龍

海でも山でも自然の多い場所には必ず龍がいます。

自然の中の龍は、比較的、無口で穏やかな感じです。声をかけられることもありますが、どちらかというと視線を感じて振り返るとそこにいる感覚です。

江の島シーキャンドル（展望灯台）から海を見ると必ず龍がいます。

海面ギリギリだったり、高い位置だったりとさまざまです。

何かの儀式っぽいことをされているときもあります。

海面からエネルギーが立ち上り、多くの龍が空に昇っていく姿を何度か目撃しています。その瞬間に立ち会うことができたときにはとても感動的です。

自然の美しさに龍の姿が重なり、とても美しいのです。心地よいエネルギーがあふれて幸福感でいっぱいになります。

風を感じてみたり……。
光の連鎖が起きたり……。
鳥の声が聞こえてきたり……。

ぜひ、自然から聞こえてくる音に耳を澄ましてみましょう。
自然の中にいる龍たちからは言葉によるメッセージではなく、心に直接響くようなメッセージが届きます。愛にあふれた素敵なメッセージが届くでしょう。

高い場所は龍とコミュニケーションしやすい

龍は大空を自由に飛び回っています。

空に浮かぶ雲が龍の形に見えることがあったら、それは何かの合図かもしれません。何気なく〝龍雲〟を目撃しているかもしれませんが、龍はあなたに存在を気付いてもらいたがっているのかもしれません。

龍雲を見る方はたくさんいらっしゃると思います。それもメッセージのひとつです。龍のメッセージを受け取りたいと思っている方はぜひ、空を見上げましょう。

同じ雲を見ても龍に見える人と、見えない人がいます。

龍雲は龍のエネルギーを転写しています。エネルギー的には龍で、物質的には雲なのです。龍のエネルギーがわからない方には雲にしか見えません。それももちろん正解です。龍のエネルギーがわかっても、わからなくてもどちらでもOKです。

もしあなたが龍のメッセージを受け取りたいと思っているなら、きっと龍のエネルギーがわかるようになるでしょう。

飛行機に乗ったときも目撃情報が多いです。

私は飛行機があまり得意ではないのでめったに乗らないのですが、それでも沖縄に

向かう飛行機で一度目撃しました。

飛行機が雲の上に出たときに窓の外を注意して見てみましょう。

高い場所は龍とコミュニケーションがしやすかったりします。龍が飛行機と並走する感じで話しかけてきたりします。

龍と目が合うこともあるかもしれません。

やはり空を飛ぶ存在なので、高いところにたくさんいるのかもしれません。

龍はどんな姿をしているの？

「私とコンビを組む龍はどんな姿をしているんでしょうか？」

こう私に尋ねてこられる方がたくさんいます。気になりますよね。

あなたはどんな龍が好きですか？

神社の手水舎《ちょうずや》にいるような龍。アニメ『千と千尋《ちひろ》の神隠し』に出てくるような龍。草場《くさば》一壽《かずひさ》さんの陶彩画で描かれるような美しい龍。漫画の『ドラゴン、家を買う。』に出てくるような西洋風の龍。ゲームが好きな人は「ドラゴンクエスト」に出てくるような龍に惹《ひ》かれるかもしれません。

自分で「こんな龍が好きだな」と思い浮かべるイメージと、あなたと一緒にいる龍はほぼ同じ感じであることがほとんどです。自分がイメージできないような、ピンとこないタイプの龍であることはまずありません。

イメージしている龍があなたのそばにいます。そう思って大丈夫です。

「自分が勝手に想像しているだけじゃん」と思うかもしれませんが、龍というのはエネルギー体で、自在に姿を変える力があるのです。

たとえば、龍の顔が怖いと思ったら話をするのが難しいでしょう。逆に強面《こわもて》で重々しいような感じのほうが真剣に話を聞くことができるタイプの方もいるでしょう。

あなたがコミュニケーションをとりやすいと思うイメージを龍はつくってくれているのです。神社にいるような怖い顔の勇ましい龍もいます。真っ白な美しい龍もいます。着ぐるみのようなかわいい感じの龍もいます。肩に乗っているミニ龍もいます。

あなたはどんな龍と話をしてみたいですか？

「龍はこんな感じ」という思い込みは手放そう

たとえば、龍の色というのは、私の感覚では、一色であることは稀《まれ》で、いろいろな色を持っている場合が多いです。

「顔のほうはブルー系だけれど、尾っぽのほうはシルバー。胴体はゴールドも混ざってる」

そういうことがけっこうあります。

「何色の龍だ」ということに、あまりこだわらなくても大丈夫なようです。

最近では、人がさまざまな色の服を着るのと同じように、その日その日で違うこともあります。「この前は赤っぽいと思ったけど、今日はピンクっぽいな」というふうに感じるときもあります。

そのときのエネルギー状態で変化しているようです。

そういえば、私の近くにいる普段は白っぽい龍がピンク色になってきたときがありました。

「どうしたの？」

「温泉でのぼせた」

そんなことを言っていました（笑）

龍の色が急に変わっても驚かないでくださいね。

龍は「形」「色」「大きさ」「雰囲気」すべて自在に変えられる

龍は、サイズも自由自在に変えられるようです。

『まんが日本昔ばなし』のオープニングの影響なのか、龍は「人が乗れるくらい大きいもの」と思っている人が多いのですが、私は「肩に乗っている龍」や「頭の上で寝ている龍」などを目撃したこともあります。小さなサイズの龍たちです。

テーブルの角に猫のように寝ていたり、手乗りサイズにもなれます。

最近は、バックハグタイプも多い気がしています。

もちろん、『まんが日本昔ばなし』のオープニングに出てくるような龍や、映画『ネバーエンディング・ストーリー』のファルコンのような大きな龍もいます。ビルの窓の外を見たら眼だけが見えたり……。友人と一緒に目撃したことがありますが、さすがの迫力でした。

日本と同じくらいの大きさの龍や、地球より大きな龍もいます。

瞑想《めいそう》をしながら、自分の龍に自分が乗れるくらいのサイズになってもらって一緒に宇宙遊泳をするようなワークもあります。

広い空から、街や自然をドローンが空撮した気持ちのいい映像を見たことはありますか？　そんなイメージで、龍の背中に乗って、素晴らしい地球の景色を見たり、宇宙へと出かけていきます。龍と交流すると、そんなこともできるようになるんです。

諸説ありますが、新しい時代の龍たちは、形も色も、雰囲気も、今までとは違う龍が現れてくるような気がしています。「龍とはこんな感じ」という思い込みは外してしまいましょう。

“宇宙龍”が地球に増えている

今、この地球には、宇宙のエネルギーとともに宇宙龍さんたちがたくさん来ています。その宇宙龍さんから聞いた話をお伝えします。ちなみに、宇宙はめちゃめちゃ広いので、私が聞いた話はほんの一部のことだと思います。

今から10年くらい前のことです。私がスピリチュアルを学び始めた頃でした。

宇宙龍さんが大量に地球にやって来たことがありました。地球の進化のヘルプだったのかもしれません。宇宙エネルギーも大量に降り注いでいました。

意識レベルでも無意識レベルでもたくさんのプロジェクトが立ち上がっていました。

それは、個人においても、世の中全体においても同様です。

宇宙龍たちも大活躍だったのですが、微妙に地球のことをよく知らない宇宙龍たちが多かったようなのです。そのために、地球の常識では理解できない、ちょっと変なことが起こり始めました。

「スピリチュアルにハマッている人たちって何だか変なことを言っている」

自分がスピリチュアルに「詳しい」「詳しくない」ということや、「信じている」「信じていない」ということは抜きに、「それはどう考えてもおかしくない？」ということを、普通に言ったりする方が時々いらっしゃったのです。

宇宙の常識と地球の常識がちょっとズレていた頃なんだと思います。

宇宙龍はよかれと思っていろいろな情報を私たちに教えてくれました。

しかし、地球にいる私たちはまだそれが理解できる段階にはなかったようです。中途半端な理解で行動するのでおかしなことになってしまったようでした。

もちろん中には正確な情報を受け取っていた方もいたのですが、すでに「スピリチュアルとか宇宙とかってちょっと変」みたいな感じの同意ができてしまったようです。

そのことは宇宙もキャッチしてくれました。

それ以降、宇宙龍さんたちはいきなり地球に来るのではなくて、地球のこと、私たち人間のことをよく学んでから来てくれるようになりました。

それからは「地に足が着いたスピリチュアル」のような感じで現実にリンクしたり、学問的に研究する方も増えてきたように思います。

宇宙龍は断トツで仕事が速い！

今、宇宙龍さんたちは素敵な働きをしてくれています。

何かプロジェクトが立ち上がるとします。それがスムーズにスピーディーに前進できるようにあっという間に準備してくれるのです。

普通なら考えられないようなことが次々と起こったりします。

ミラクル発生の瞬間です。

宇宙龍さんたちの特徴は非常にスピーディーなことです。私たちとは時間軸が違うので、それはそれは驚異的なスピードだったりします。

結果が出るのが早いので、個人的には歓迎なのですが、グズグズしているとスピードについていけなくなってしまうこともあります。たとえ、自分発信のプロジェクトであってもです。

「風の時代」になって、宇宙龍さんたちは存在感を増しています。実際、たくさん地球に来ていて、「コンビを組む人を探しているな」「スピードアップをしようとしているな」と感じることがよくあります。

スピードに慣れていくか、ゆっくりいくことを選ぶかは、人それぞれです。どちらでも選択することは可能です。自分が選択しなかったプロジェクトは他の方の手で完了することになります。

宇宙龍とコンビを組むには、それなりの覚悟がいるのです。

時代の流れで望みが叶うことが多くなっていきますが、努力や学びがいらないわけではありません。

最終的には、自分がそのプロジェクトにかけたエネルギー通りの結果を受け取ることになるでしょう。

「神さまの近くにいる龍」と「人間のそばにいる龍」

私が龍から聞いた「神さまの近くにいる龍」のお話です。

九頭龍《くずりゅう》神社（箱根）、江島神社 龍宮《わだつみのみや》（藤沢）、龍口明《りゅうこうみょう》神社（鎌倉）、竹生島《ちくぶしま》神社（滋賀）、戸隠《とがくし》神社（長野）など、〝龍神さまの神社〟として有名な神社はたくさんありま す。そのような龍神さまが御祭神として祀られている神社には、もちろん龍神さま、神格化された龍がいらっしゃいます。

天照大神《あまてらすおおみかみ》や須佐之男命《すさのおのみこと》といった神さまがお祀りされている神社には、神さまのお使いをしている眷属《けんぞく》としての龍がいます。

私が龍さんから聞いたお話からは、龍という存在はみな、大きな枠でみたら「龍神属」なのだそうです。

ただ、私たち人間がコンビを組む龍たちは、「龍神さまとは呼ばないで」と言うのです。それなので、私は「龍」や「龍さん」と呼んだりしています。

龍に聞いてみると、龍神さまや神さまのお使いの眷属の龍と、私たちとコンビを組む龍とではお役目が違うそうなのです。

神社にいる龍さんのお役目は、国家繁栄や世界平和だったり、地球や人類全体の調和や幸福になるためのことをしているようです。

一方、私たちとコンビを組む龍というのは、一言でいうとしたら、人間とともに成長することを目的としている龍です。

私たち人間一人ひとりの成長は、社会や、国家、世界、やがて宇宙全体の幸せにつながっていくものだと思いますが、人とコンビを組む龍さんというのは、そのベースの部分である私たち人間に深く関わっていくことを使命にしているそうなのです。

他の情報を知っている方、違う考え方をお持ちの方もいらっしゃると思いますが、「そういうこともあるんだ」ぐらいに思っていただけるとうれしいです。

コラム

私の不思議体験　～龍とたまご～

江の島での龍のイベントの帰りに、主催者の方から、「あなたは龍に縁が深いから」と「龍のたまご」なるものを渡されたことがありました。実際にはピンク色が美しい丸玉のローズクォーツです。

私「どうすればいいんですか？」

主催者の方「預かっていてください。時々、話しかけてください」

それから、不思議なことが起こり始めました。

最初は毎日「龍のたまご」を眺めてました。

「そもそも龍ってたまごから生まれるの?」「いつまで預かるの?」

わからないことばかりでした。

しかし、預かったからには……と、大切にしていました。月光浴をさせたり、いろいろと話しかけたり。わからないながらも、大切に扱っていました。

すると、何となく意思疎通ができるような気がしてきました。

「そんな気がする」程度でしたが、実際に色が変わってきたり、模様が変わってきたり、不思議な現象もありました。

その龍のたまごとお別れのときがやってきました。

もともと決められていた場所にたまごを奉納することになっていたのです。

私は一人でその決められていた場所に向かいました。とても寂しい気持ちになり、ずっとたまごに話しかけていました。

そのときはなぜ、その行動が必要なのかもよくわかっていませんでした。言われたとおりに素直に行っただけだったのです。

指定された場所に到着して、龍のたまごを奉納して帰ろうとしたときです。**ピンク色の龍がまっすぐに空に向かって上昇する姿が見えたのです。**

かなりはっきりと肉眼で見えました。

とても大きな龍だったので、あたり一面がピンク色に染まったようでした。私自身もそのピンクのエネルギーの中に入っていたような気がします。周りに誰も人がいなかったこともあり、別次元の世界に入ってしまったようでした。

その場で、しばらく呆然《ぼうぜん》と立ち尽くしていましたが、以前にオフィスで龍を見たときより自然な現象に思えて、あまり驚きませんでした。心地よくもないのですが、怖いわけでもなく、その状況を受け入れていました。

「たまごから龍が生まれた」

自然にそう感じられたのです。

実際には、生まれたというよりは、しばらく休んで復活したということだったようです。

そんな不思議なことが日常で次々と起きてきました。

もともと、不思議な世界を覗《のぞ》いてみるだけで満足だったのですが、いつのまにか私は見えない世界の扉を開いてしまったようでした。

そんなこんなしているうちに、メリーゴーランド的人生からジェットコースターに乗り換えてしまったようです。

第2章

「龍」と一緒にいると、どんないいことがあるの？

龍は相棒であり友達

龍と一緒に行動すると、どんないいことがあるのでしょうか？

いっぱいあり過ぎて、何から伝えたらいいのかと思うくらいです！

今の私は、龍がいない生活なんて想像できません。私にとって龍は相棒であり、友達です。何となくイメージできますか？


実生活で相棒とか相方とかパートナーと呼んでいる人はいらっしゃいますか？

そうした方々のような、とても近い存在だと思っています。

たとえば、「ドラえもんとのび太くん」「ハクション大魔王とカンちゃん」。

こういうと想像しやすいでしょうか。

『ワンピース』『ドラゴンボール』『鬼滅の刃』など、チームになっているものもありますね。

主人公には必ず相棒や仲間がいます。

私たちは自分の人生の主人公です。龍は頼もしい相棒でありチームメイトなのです。そんな存在が近くにいてくれると思ったら、めちゃ楽しくて、心強くないですか？ピンチになったら必ず助けてくれるのです。チャンスも逃さず教えてくれます。

龍は私たちと違う視点で物事を見ることができます。

なので、私たちが思いもつかない方法を教えてくれたりもします。そこまで理解できるようになるにはトレーニングが必要ですが、やる価値はあります。

自分を見失うことがあっても龍は支えてくれます。方向が間違っていたら、修正してくれます。壁にあたったら一緒に乗り越える方法を考えてくれます。

龍と一緒に前進することで、今まで問題だと思っていたことが、すべて解決されるのです。

「龍がいるような気がする」からスタートする

「龍の姿が見えた気がした」

「龍が近くにいる感じがする」

「龍が何か言ったような気がする」


そんな気配を感じられたらチャンスです。

最初は「龍がいるような気がする」と感じるところからスタートです。

最初の頃の私もそうでした。

スピリチュアルなカフェに通っていた頃、先輩方が「龍があそこにいる！」「ここにいる！」と言うのですが、まったくわかりませんでした。

でも私は、先輩方の言うことを疑いませんでした。

「あそこにいるんだ！」「ここにもいるんだ！」

私にはわからないけど、めちゃ楽しいと思っていました。

今から考えると私はとても素直でした（笑）

「宇宙語を話す」「天使を呼ぶ」「龍とワークをする」……。

先輩方がすることを、そのまま信じていました。

正確には、「天使が見えるわけないじゃん！」「ちっとも聞こえませんけど？」と思ったりもしていたのですが、「そういう世界があったらいいな」「あるんだな〜」と徐々に疑いなく思えるようになったのです。あまり深いことは考えず、楽しい気持ちを大切にしたことがよかったのかもしれません。

ここまで読んで、すでに「怪しい」って疑っている方もいらっしゃるかもしれませんよね。疑いたくなる気持ちもわかります。目には見えない世界のことですものね。

そういう方は、ちょっとした遊び、ゲーム感覚で「そんなこともあるかもな」くらいで読み進めていただけたらと思います。

私が龍をはじめて感じた不思議体験

私が、龍の存在をはじめて感じたときのお話をしたいと思います。
それはスピリチュアルカフェのすっかり常連になった頃でした。

私は電車に乗っていました。
ぼーっと外を見ていたのです。青い空に白い雲が美しい日でした。
きれいな青空で、電車の外に間もなく富士山が見えてくるタイミングでした。
「今日は富士山見えるかな?」
大きな白い雲が目に入りました。
なぜか、すごく私にアピールしている感じがしました。

そのときです。
雲の間から大きな白い龍が飛び出してきたのです！
白い龍はそのまま地上に向かって降りてきました。
眩《まぶ》しいほどにキラキラと光る美しい龍でした。
思わず叫びそうになりましたが、他の人には見えていないことがわかりました。
なので、声には出さずに、「ひえ〜」と、心の中で叫んでいました。
そして、その龍は地上に到着するタイミングで消えたのです。
瞬《まばた》きする間に消えた感じでした。
電車を降りてから、「何かを見間違えたのか？」と。それにしては鮮明だったし
……。「夢でも見たのかな？」。そんな感覚でした。

実は同じ日にもうひとつ不思議な出来事が起きるのです。
私の働くコールセンターにはたくさんのデスクが並んでいます。
不思議な現象はそのオフィス内で起こりました。

オフィスの奥のほうから白く光る物体がこちらに向かってきたのです。
その物体は長く尾を引いていて、龍とか蛇とかナマズとか、そんなイメージでした。
その物体がデスクの間をすり抜けて、こちらに向かってくるのです。
そのときもなぜか他の人には見えないことがわかっていました。私の足元をすり抜けた瞬間には風圧まで感じたのです。

「**うわっ！　何これ？**」

しばらくデスクの間を走り回った後、消えました。

「なんだか不思議なことが立て続けに起きている……」

同僚にチラッと話してみました。

「大丈夫？　疲れているんじゃない？」

やはり、そう言われました。

それからは雲の合間や、木々の間から、龍の気配を感じたり、オフィスの中でも頻繁に走り回ったりしているのがわかりました。

不思議な感覚は続きました。

最初は光や、何となく色を感じる程度でしたが、だんだんと龍の形や質感がわかるようになっていったのです。

私の場合は、光や音、風圧といったものから、見える姿・形、質感となり、次に映像でメッセージが伝えられ、最終的に言葉で会話できるようになったという感じです。

ただ、すべての人が、私と同じような感覚を辿《たど》るわけではありません。

「姿は見えるけれど、メッセージはイマイチわからない」「言葉はわかるけど、姿は見えない」など、人それぞれです。トレーニングすればわかるようになりますので、どうぞ楽しみにしていてくださいね。

龍からのメッセージの受け取り方は人それぞれ

龍からのメッセージは突然、届きます。

私の場合、今は龍とスムーズな会話ができるので「言葉」で届くことが多いです。特に何も考えずにぼーっとしているときが、一番多いかもしれません。以前は犬の散歩中が多かったように思います。

突然、風が吹いてきたり、光に包まれたり……。そういった前触れがあってメッセージが届きました。最近は慣れましたが、最初のうちは、驚かされることが多かったです。

人によって、龍からのメッセージの受け取り方はそれぞれ違います。

私は、今でこそ、普通に人と会話を交わすかのように、龍と言葉で会話ができてい

ますが、最初のうちはビジョン、映像でメッセージを受け取っていました。

最初はまったく意味がわかりませんでした。

そのため、いつも質問していました。

たとえば、ある女性のセッションをしているとき、「森の中で一人の女性が踊っている」映像が見えたりします。

自分としては「何これ？　意味がわからないのですが……」と思うわけです。そうすると、次にその説明映像が流れてくるような感じです。

無声映画を観ていて、「これは何？」と龍に尋ねると、説明の映像が入ってくる感じといったらわかるでしょうか。

ある程度見ていると、各映像はストーリーになっていて、クライアントからのご質問の答えやヒントを受け取ることができたのです。

しばらくすると、龍によるナレーションの言葉が映像に付き始めました。次に、セリフが付きました。今では普通におしゃべりしています。

龍はあなたにメッセージを伝えたがっている

ここで何をお伝えしたいかというと、龍は大切なことを私達に伝えたいといつも思っているということです。いろいろな方法で伝えようとします。

龍からのメッセージの受け取り方は、人によって視覚優位だったり、聴覚優位だったり、感覚優位だったり、いろいろなので、これが「正解」というのはありません。具体的に、見えたり聞こえたりしなくても、はじめのうちは、「そんな気がする」でいいのです。

「そんな気がする」という経験を積み重ねていくうちに、「やっぱりそうだったんだ」と、それが正しいこと、龍からのメッセージだったと気づくときがやってきます。

「今、声が聞こえたような気がするな」

「今、頭に映像が浮かんだ気がする」

「今、空気が変わった気がする」

「今、そばに龍がいる気がする」


そういう感覚を大事にしてください。

私が見ている限りでは、その感覚が間違っている人はほぼいないんです。

私たち人間は、目に見える世界に頼って生きてきた時間が長すぎるので、それ以外の自分の感覚を心底信じきれなかったりします。


龍活トレーニング（龍トレ）を重ねていく中で、いろいろな感覚が開発されて、さまざまな受け取り方ができるようになる方がとても多いです。その中で、自分の一番得意な方法で龍とコミュニケーションを深めていくといいと思います。

"3倍速"で夢が叶い出す

何かのきっかけで龍の存在に気づくと、人生はジェットコースターに乗っているかのようにスピードアップします。物事の展開が早くなり、さまざまな体験をすることになるのです。

はじめのうちは、龍も人に合わせてくれているのですが、あるとき、急にペースを上げてきます。

「だいたいこれくらいで目標を達成しよう」と設定すると、3分の1から半分くらいの速さになる感じ。

3倍速ですよ。時短のすごさがハンパないんです。

ここで私自身のことをお話しさせてください。

私は２０１０年の12月にセラピストデビューをしました。

はじめは、「龍と一緒にブロックを解放するセッション」をご提供させていただきました。内容を簡単にいうと、封印されている才能や思いを解き放つ目的で、龍と一緒にセッションするというものでした。

翌月の２０１１年１月からモニターさんを募集したところ、約２か月でなんと１００人近いご応募をいただきました。

大々的に宣伝したわけでもなく、当時はＳＮＳのミクシィ（懐かしいですね）でたった数行、告知しただけでした。

その後、３月11日に東日本大震災があり、通常のセッションとは違うことをするようになっていきました。私自身は何もわからなかったのですが、龍とともに誠心誠意させていただきました。

それがひと段落ついた頃、当時は師匠や仲間とともにさまざまなイベントをするようになったのです。師匠が西日本の方だったので私は東日本の担当になりました。

翌年２０１２年は辰《たつ》年のドラゴンイヤーで、エネルギーワークを中心にイベントづくしの1年を過ごしました。

実は、私はセラピストになりたいと思っていたわけではありませんでした。スピリチュアルな学びは楽しいとは思っていましたが、周りの方たちに「セラピストになったほうがいい」と言われても、ピンとこなかったのです。

そもそも、私はセラピストという職業が成り立つとは思っていませんでした。

占いやエネルギーワークは、趣味としては楽しいけれど、仕事になるわけない。別物だと思っていたのです。

そんな私が、デビューして数か月でイベントの主催をしたり、セラピストを集めたりするような立場になるとはまったく想像していませんでした。流れに任せて行動しただけなのです。

セラピストになってすぐ、集客ができたことや、さまざまなイベントを主催するなど、セラピストを目指している方からしたら羨《うらや》ましい展開かもしれません。

これは、やっぱり龍のおかげなのだと思います。

龍の背に乗っているかのようにダイナミックに物事が進展する

私は「ドラゴンメッセンジャー」の養成を行っていますが、それについても、はじめからそうするつもりで動いていたわけではありませんでした。

一緒にスピリチュアルなイベントなどをやっていた仲間たちから離れて、一人で何かを始めようとしていたとき、これからは宇宙からメッセージを受け取ることで、自分らしく生きられる人が増えるといいな……と、ふと思ったのです。

でも「仲間もいないしなぁ」とつぶやいたら、龍が「じゃあ自分で仲間をつくるしかないじゃん」と言ったのです。

「つくるってどういうこと？」と聞くと、「龍としゃべれる人がいっぱいいたほうがよくない？」と言われたのです。
いつも私たちのそばにいる龍に気がついて、お話しできる人が増えたら、時代の転換期を生き抜くためにめちゃ効果的だし、龍も喜ぶし、一石二鳥だ。
そう思い立ちました。

そうして始まったドラゴンメッセンジャー養成講座は、当初1年で20人くらい養成できたらいいなと思っていました。ところが、半年で20人をデビューさせることができました。

こんなふうに、思いついたことがあっという間に現実化していくことが龍とコンビを組んだときの醍醐味《だいごみ》です。

流れに任せつつ、自分で意思を持って決断していくと、自分でも驚くほどのミラクルが起きてきます。龍とともに行動すると想定外の結果が目の前に現れてくるのです。

龍と行動をともにすると、自分が進むべき流れに乗っていく

龍コミュニケーション講座とドラゴンメッセンジャー養成講座の受講生さんたちを見ていても、いろんな形で〝ジェットコースター〟になっていきます。講座受講の際はちょっと覚悟が必要ですね（笑）

ドラゴンメッセンジャー養成講座にいらした30代の男性の方がいました。

半年くらい学んでいる間にどんどん変化が表れてきたのです。

ほんの少し前に「彼女いないんですよ」と言っていたのに、3か月後には「結婚が決まりました。家も買いました。彼女に娘がいるのでパパになります」と言うのです。

急な展開にとても驚きました。

もともとその男性は、新型コロナの影響で勤めている会社の仕事が減ってきているのがわかって、次のステップを考えているときに、私のセッションに来られました。

次の仕事もいい感じで自分の夢を叶える方向で着々と前進しています。

龍とともに前進するコツをつかんだことで、彼は自分が進むべき流れに乗ったのではないかと思います。

想定外のワクワクする出来事がお膳立てされる

龍と一緒にいると、自分がまったく想定していなかったようなことがお膳立《ぜんだ》てされた状態でやってきたりします。

「これをやりたいな」と思う前に行動していたり、目の前に「やること」がポンッと現れる感じと聞いています。

たとえば、私自身、自分が「本を出す」ということは、まったく想像すらしていないことでした。

龍のことについて、いろいろな方が本を出されていて、私は読者として楽しく拝読することはありましたが、自分が著者になるのはまったく想像をしていませんでした。関係がない分野だなと思っていたくらいです。

なので、出版が決まったときは心底驚きました。

これも龍に導かれたとしか思えません。

龍に聞いてみたら思い切りGOサインでした。どちらかといえば苦手分野なんだけど……と思いながらも、龍がいるから不安はありませんでした。

実際にすべてがお膳立てされて進行している感覚です。

それぞれの龍たちとコンビを組むと何かが動き始めるのは絶対です。

そして、動き始めるとエネルギーが共鳴して、どんどん世界が広がります。思わぬラッキーな出来事を引き寄せたりします。それは、龍と暮らすうえでとても楽しいことだと思います。

たとえば、私のような一主婦とアメリカの大統領とでは、仕事内容はもちろん、時間の使い方から、人間関係から何から何まで違いますよね。

どちらが良い悪いではなくて、龍にも叶えたい夢があるのです。その夢を一緒に見られる人と龍はコンビを組むのです。龍自身も人と一緒に成長するために強い意志を持って前進するのです。

たくさんの龍とチームを組むこともある

人の近くにいる龍というのは、基本的にあなたの夢を叶えるために一緒にいようとしています。

夢を叶えるために前進しているとき、龍はあなたのサポートをしてくれるのです。

はじめは、龍と一対一の二人三脚でやっていたとしても、**あるところから、サポートしてくれる龍が増えることもよくあります。**

たとえば、世界の第一線で活躍するようなプロのテニスプレーヤーは、必要な技術を身に付けるためにチームを組みますよね。

メインのコーチ、サーブ専門のコーチ、ラリー専門のコーチ、メンタルコーチ、フィジカルトレーナー、栄養士……。それは「プレーヤーが試合に勝つ」という夢のために組まれたプロジェクトチームです。

そんなふうに、あなたが夢を叶えるときは、それぞれの得意分野の龍が助けてくれるようになります。夢が大きくなればなるほど、サポートしてくれる龍の数も増えるのです。


テニス選手がさらに他の技術を身に付ける必要があるとなったら、コーチの入れ替えが起こることもあるでしょう。

テニスを引退するとなったら、プロジェクトチームは解散します。


あなたの夢が達成されたときや、途中であなたの夢が変わって方向転換する必要があったりすると、龍の入れ替え、交代が起こったりすることもあるということです。

グランドスラム優勝を目指すプロのテニスプレーヤーをサポートしたいと願う龍にとっては、テニスをやめてしまった選手とは一緒にいる意味がないからです。

夢やゴールに合わせてコンビを組む龍は変わる

今、私の近くには複数の龍さんがいらっしゃいます。

たとえば、セラピストの仕事はミニ龍「ソウ」が担当、セミナーサポートはレムリアからきた龍の「レムたん」が担当です。宇宙ツアーを担当するのは、宇宙龍の「プラチナコスモ」と北斗七星から来た「北斗」です。

こんなふうに、人生の歩みの中でコンビを組む龍が変わったり増えたりすることはよくあります。

たとえ、龍の存在に気づいていないとしても、ひとつの目標が達成されて、次の目標に向かうときなどは、担当の龍が変わっていたりするのです。

龍は人間と一緒に成長したがっている

龍という存在は、常に人間と一緒に成長したいと思っています。なので、「この人と一緒にいても成長できそうもないな」と感じたら、離れていってしまうこともあります。

宇宙龍のプラチナコスモが宇宙に帰ってしまったことがありました。それは、私が宇宙ツアーを一時お休みしていたときでした。

「そろそろ始めるタイミングだよ！」

そう言われていたのですが、何だかんだと理由をつけてグズグズしていました。

ある日気がついたらプラチナコスモの気配がないのです。

拗《す》ねて実家に帰ってしまった奥さんを迎えに行くように、慌てて迎えに行きました。

その後、宇宙ツアーを再開したのはいうまでもありません。

プラチナコスモは戻ってきてくれましたが、どうやら龍の世界にも、〝人事異動〟があるそうなのです。私は〝龍事異動〟と呼んでいるのですが、当初の「夢を叶える」という目的が遂行されていないと、宇宙から、「この人と一緒にいますか？　どうしますか？」というふうに、真意を尋ねられることがあるそうなのです。

たとえば、あなたが今世で「国民的歌手になる」という使命を持って生まれてきたとします。そういう使命を持った人は、小さい頃から歌うことが大好きだったり、歌が上手と褒められたりして、「歌手になりたい」という夢を思い描くようになります。

そういう人には、同じように「国民的歌手になる人をサポートしたい」と願う龍が近くにいるのです。

でも、あなたが「歌のレッスンを受ける」「バンドを組んでヴォーカルをやってみる」「オーディションを受ける」といった歌手になるために具体的なチャレンジをまったくしなかったとします。歌が好きではあるけれど、「カラオケくらいでいいわ」

となっていたら、〝国民的歌手のサポートをしたい〟と思っている龍にとっては、一緒にいる意味がなくなってしまいます。一緒にいても成長できないからです。

そういうとき、龍が「やっぱり歌手になる人のサポートをしたい」と思ったら、あなたから泣く泣く離れていくでしょう。

「泣く泣く離れていく龍」と「ずっと一緒にいる龍」

龍が離れていくときは、ほんとうに泣く泣く去っていくんです。

私のところに、クライアントさんなど誰かと一緒にいた龍が、お別れの挨拶に来てくれることがあります。深く探ることはしないのですが、龍たちは、一様に寂しさを感じているのが手に取るようにわかります。

自分の夢のためにお別れしないわけにはいかないのですが、ずっと一緒にいた相手と別れるのですから、やはり悲しいのだと思います。

龍が私たちと一緒にいる目的は、ともに成長できるかどうかという部分がとても重

要なのです。龍にも夢があるのです。

ただ、最近は例外もあります。

私たちは過渡期にあって、社会がものすごく変化しています。心が不安定になりがちな方、夢が定まりにくい方も多いものです。

そういう中で、当初の夢が叶えられないとしても、**「この人とだったら、地位も名誉もキャリアもいらない。歌手にならなくても一緒にいる」**という龍も増えてきています。たとえ、どんな状況になってもその人と一緒にいる龍もたくさんいます。

さまざまなことを一緒に乗り越えたり、体験することで、唯一無二のマブダチ、相棒になっていくのです。

「風の時代」の到来により、〝龍とおしゃべりできる人〟が望まれている

250年ぶりに、パラダイムシフトが起こり、「風の時代」が到来したといわれています。これから200年を超えて「風の時代」が続くのですから、私たちはずっと「風の時代」で過ごすことになりますね。

「風の時代」に入って重要視されることとは？

「風の時代」は2020年の年末から始まりました。

それまでは、「地の時代」でした。「地の時代」は、物質的な豊かさを象徴していま

した。いい大学に入り、安定した企業にお勤めして、マイホームを持って、お金を貯めるというのが「地の時代」のひとつの理想とされたモデルケースです。

それに対して「風の時代」は、情報、人脈、知識、経験、学習、IT、コミュニケーションといったキーワードが象徴するように、物質的な豊かさよりも、情報や体験など、目に見えない豊かさが重視される時代です。

いきなり「風の時代」に切り替わったわけではありませんが、新型コロナウイルスという目に見えない脅威が世界を襲い、その結果、リモートワークが瞬く間に広がり普及しました。スピリチュアルな世界でも、セッションやワークショップがリモートで行われることが当然のようになるなど、私たちが思う以上に、「風の時代」への移行は早く進んでいるように思います。

風の時代は、「地の時代」で重視されてきた企業という枠組みでの働き方や、上司、部下といった上下関係の構図は薄れて、個人が得意分野を生かして働く「個の時代」になっていきます。「個の資質」が重視される中で、大切なのが、「自分は何が好きなのか」「自分は何がやりたいのか」ということです。

自分にとって心地よい生き方を見直すには、今絶好のタイミングなのです。

宇宙龍は私たちに宇宙のメッセージを伝えている

今、地球には、「宇宙龍」たちがたくさん来ていると前述しました。

宇宙龍は、私たちに宇宙のメッセージを伝えてくれる存在です。

意識しなくても、私たちは宇宙からエネルギーを受け取っています。

たとえば、月の満ち欠けを意識して生活する人が増えたり、宇宙をアートで表現するアーティストがいたり、スピリチュアルな世界だと「龍体文字」や「宇宙語」といわれるものを勉強したくなったりというのは、無意識のうちに宇宙からのエネルギーをキャッチして、世の中に広げようとしているんです。

ただ、私はもっとストレートに龍からのメッセージを「言葉」に通訳できる人が増えたら、宇宙エネルギーの恩恵に与《あずか》りながら、龍とともに人生をさらに輝かしいものにしていける人を増やすことができると思っているのです。

龍はなぜ人を助けるのか？

「風の時代」のお話をしましたが、今、私たちは変革期の真《ま》っ只中《ただなか》を生きています。この大変化はしばらく続いて、目まぐるしく社会は変わっていくでしょう。

「風の時代」にミスマッチなものはどんどん削ぎ落とされていく、いわば禊《みそぎ》の期間のようなものです。

並行して、新たな時代のスタンダード、ニューノーマルといわれるものができていく創世期がスタートしています。それは地球全体で見れば、数十年かけてつくり上げていくもののようです。

今よりもっと「個」がフィーチャーされて、縦のつながりではなく、横のつながりが広がっていく、自然万物とともに生きていく……。こんなことがより顕著になっていくようです。今のように人と比べたり、優劣をつけたり、勝った負けた、高い低い、多い少ないといったような判断に縛られない世界です。

私たちは個々を認めあい、より生きやすい世の中になっていくと思います。

地球は「風の時代」に合わせてアップデート中

今、地球は「風の時代」に合わせてアップデート中だと捉えてみましょう。

「風の時代」仕様のアップデートされた地球の特徴は、争いごとがなく、自然とともにあり、みんなが手と手を取り合って愛で生きる、原点回帰＝「己の本質で生きること」です。

そのためには、地球で生きとし生けるものすべての協力が必要です。

ひとつになることが必要なのですね。

ただ、宇宙の視点でみると、地球の「風の時代」への移行は、ちょっと遅れ気味なのだそうです。私たちの肌感覚では令和に入ったくらいから、ものすごくいろいろ変わっているように思うかもしれませんが、宇宙からみると、もう少しスピードアップしたほうがいいように思うそうなのです。

龍は新しい時代へと導く先頭集団

日本では、2015年くらいから龍にまつわる本がたくさん出始めました。

私は、「龍がいよいよ姿を現したな」という印象を持って見ていました。私たち人間に龍がアピールしているのです。

今となっては、スピリチュアルな世界に興味のない方でも、龍を身近に受け入れていたりします。映画『ラーヤと龍の王国』『竜とそばかすの姫』などを見てもわかるように、龍はメジャーな世界にも顔を出すようになってきています。

龍は「風の時代」へ早く順応するために、地球とそこで暮らす人間を導く先頭集団的役割があります。2024年の辰年の頃にはさらにそのパワーを強めていることでしょう。

今、あなたのそばにいる龍に気づいて、お話しできるようになることは、自分の成長や自己実現を助けてくれるのはもちろん、「個」を磨くことが、新しい時代、新しい社会への貢献にもなるのです。

そもそもなぜ龍が私たちを助けるかというと、地球やそこで暮らす私たち人間が、「風の時代」への移行、大変革期を成功させるために必要不可欠な存在だからだそうです。

「風の時代」への移行は、地球だけで起こっていることではなく、宇宙全体の大きな成長へとつながるからです。地球の進化は、宇宙にとっても大きな意味があって、宇宙全体の平和を保つために欠かせないものなのだそうです。

だから、私たち以上に宇宙は一生懸命に地球の進化を応援して、手助けしたいのです。**宇宙全体からみると、地球がパワフルであること、そこで暮らす人間が生き生きとしていることは、宇宙の繁栄につながるからです。**

地球が特別な星だからこそ、宇宙のあらゆる生命体が地球にサポートやメッセージを送っている。そのひとつが龍なのだと私は捉えています。

第3章

龍とおしゃべりするには「夢」の設定が鍵

龍はあなたの夢を叶えるために存在している

第4章の実践編に入る前にお伝えしておきたいのは、龍というのは、あなたが本当の夢に気づいて、その夢を叶《かな》えるために存在しているということです。

あなたに「夢」や「願い」があることは、本当に大事です。

「あなたの本当にやりたいことは何?」

「あなたは何をしに地球に生まれてきたの?」

その答えに気づかせてくれる存在なのです。

龍は、誰もが知るような人気者になる人や、偉業を成し遂げるような人ばかりを応

援したいわけではありません。

「カウンセラーになる」「夫婦仲良く暮らす」「お母さんになる」「ボランティア活動をする」……。どのような夢でも、それを叶えることで自分の人生を変えて楽しみながら生きることができたら、それはあなたの使命です。龍はそんなあなたを全力でサポートしてくれます。

龍は、結局のところ、あなたが心から楽しく充実して生きることを望んでいるのを忘れないでくださいね。

龍というのは、あなたと一緒に成長したいと思っているので、コミュニケーションをとる一番いい方法は、あなたの夢を伝えて、一緒に叶えていくことなのです。

今「夢がある」「やりたいことがある」という人は、その時点でＯＫです。

夢は、どんなことでもかまいません。

「セラピストとして活躍したい」「会計士の資格をとりたい」「英語を話せるようになりたい」「料理上手になりたい」「痩《や》せたい」「きれいになりたい」「月収１００万円になりたい」「動物を飼いたい」「ハワイに住みたい」「マイホームがほしい」「趣味の○○を究めたい」などなど。

それを龍に伝えることで自分が楽しくなってくれば大丈夫です。

どんなことでもいいので、龍に伝えてみてください。

龍が一番困るのは「あなたに『夢』がないこと」

実は「夢がない」「目標がない」というのが、龍にとっては一番困ったことなんです。

中には、今すでに十分に幸せで満足しているという方もいるかもしれません。「〇〇のバッグがほしい」「旅行に行きたい」といった夢も悪くはないですが、そういう夢を龍に伝えた場合、「本当にそれが〝夢〟なの？」と聞かれることもあるかもしれません。

それは、あなたが生きていくうえで絶対に「欠かせないこと」「やり遂げておきたいこと」「本当の幸せにつながっていること」でしょうか？

もう少し掘り下げてみましょう。

「夢は特にない」という人で、現状に満足していると思う人は、たくさんいらっしゃると思います。

たとえば、私もそうですが、「家族がずっと健康で幸せでいるのが一番の幸せ」と思っています。そのためにはまず自分が健康でいる必要があります。「食事に気をつける」とか、「運動を欠かさないようにする」とか、いつも笑顔でいるために「心を整えることをしてみる」とか、いろいろとやることがあります。アンチエイジングもダイエットも大きな夢のひとつです。

「自分はどうあれば本当に幸せか」

より楽しく充実して生きていくためには、どうしたらいいでしょうか。小さなことでもいいですから、自分の興味ややりたいことを探ってみましょう。しっかりと自分に向き合うことで本当にやりたいことが見つかるかもしれません。

もし、夢を忘れてしまっているならば……

かつてはずっと「辞めたい」と思っていた仕事が、いつのまにか居心地よくなっていることはありませんか?

実は過去の私がそうでした。

仕事にも慣れているし、給料もまあまあだし、嫌いな人もそんなにいないし……。

それは、あなたが「その仕事を選んだ」と解釈されて、龍やご先祖さまなど目に見えないサポート隊が居心地よくしてくれたのです。

だから、それはそれでひとつの幸せの形です。まったく問題ありません。

私自身もそうだったし、何人もそんな方を見てきました。

ただ、そのときは、心から夢見てきたことをすっかり忘れています。

記憶から消えてしまっているのです。

忘れてしまっているので、自分では気がつきませんが、夢が叶う未来もきちんと用意されています。あなたは、別の未来を選ぶこともできるのです。


まだ夢を持っているのなら、まだ忘れていないのなら、龍と一緒に叶えませんか？

龍がいれば、どんなミラクルも可能だとしたら、どうですか？

子どもの頃に夢見ていたことや思春期に思い描いていたことが、現実になるかもしれません。

昔の夢を忘れてしまっていても、龍とともに行動するようになると、再びしっかりと思い出す場合もあります。

忘れてしまった夢を思い出しませんか？

次元を超えた大切な友である龍と一緒に新しい時代を前進しませんか？

あなただけの龍があなたの夢を叶えたいと待機しています。

「うまくいかないこと」も龍のサポートの結果かもしれない

「試験に落ちて悔しい」「ラブラブだと思っていた人に突然フラれた」「転職活動がぜんぜんうまくいかない」など、自分はイケると思っていたことがダメになってしまったことはありませんか。

私の経験を話します。

派遣社員時代、特に目的もなく毎日を過ごしていたときに「正社員にならないか」とお誘いがあったのです。

そんな希望はもともとはなかったのですが、勤めていた会社は上場企業だったので、正社員の立場はやはり魅力的でした。無遅刻・無欠勤、営業成績も全国トップレベルを半年間という厳しい規定はクリアしたのですが、私が条件をクリアしている途中に何と正社員の規定が変わりました。

年齢制限が加わったのです。

当時、40歳を超えていた私は年齢以外の条件はすべてクリアしていたのに、年齢制限だけで正社員の試験さえ受けることができなくなってしまったのです。

私は営業部で2年ほど全国トップクラスの成績だったので、会社にはかなり貢献していたはずです。さすがに会社の冷たい仕打ちに落ち込みました。

いろいろと手を尽くしましたが、結局、試験を受けることすらできませんでした。

このときには、これが龍のサポートであるとは思いませんでした。本来進むべき道にいい加減進まないと、龍が方向転換させるために、今歩んでいる道の邪魔をすることがあるのです。

もし今、あなたに思い当たることがあるのなら、「その道は違う」ということを龍が教えてくれているのです。

正社員になっていたら、私は会社のためだけに働く時代遅れの企業戦士になっていたでしょう。

その後、私は体調不良になり救急車で運ばれることになります。

休職した後に復職したのですが、何かが違っていました。

慣れ親しんだ場所なのに居心地が悪いのです。ここはもう自分の場所ではないことがわかりました。すぐに会社を退職しました。

当時はまったく気づいていませんでしたが、この出来事が新しい道へのスタートにはっきりとつながっていたのです。

夢がたくさんある人を龍は大歓迎する

夢がたくさんある人は、全部龍に伝えてみましょう。

龍は「やる気があるなぁ」とうれしく思ってくれるかもしれません。どの夢から叶いはじめるかは、あなたの行動次第だと思います。

たとえば、「セラピストとしてワールドワイドに活躍したい」「ハワイに住みたい」「英会話をマスターしたい」という3つの夢を持つ人がいるとします。

セラピストとして今よりもっと活動を広げようと行動していたら、ハワイ在住のセラピストさんと仲良くなって、ハワイに頻繁に行くようになり、よい英会話の先生を紹介してもらえたなど、夢が次々につながって道が拓《ひら》けていくような場合もあります。

そのジャンルに明るい龍がサポートに加わってくれたりもしますから、「**やりたい**」

と思ったことは、「自分には無理」と思えることでも、龍に伝えてみてください。

龍に夢を伝えると、そのチャンスを見せてくれるようになります。

新しい出逢《であ》いであったり、思いがけないオファーであったり、気になる講座を発見したり。一見、その夢とは直接的に関係ないように思えても、気になったら「ちょっとやってみる」ことがとても大切です。

龍は何度かチャンスを見せてくれますが、そのたびにあなたがスルーしてしまったら、がっかりして、チャンスをあげても無駄だなと思うようになってしまいます。

たとえば、あなたが友達から「パートナーがほしいから誰か紹介して！」とお願いされたとしますよね。でも実際に紹介したら「ちょっと違う」「今忙しいから無理」などといって断られたら、どうでしょう。1回や2回なら「仕方ないな」と思うかもしれませんが、数回続いたら「本気でパートナーがほしいわけじゃないんだな」と思いませんか？「もう紹介するのはやめよう」となると思います。

龍はとにかく動きが速いので、龍に夢を伝えたらすぐに展開が起こるものだと思っていてください。

「子どもの幸せ」を願う夢があるときの注意点

母親や父親の立場の方の場合、自分のことより子どもの成長に夢を託している方も多いかもしれません。

たとえば、「娘・息子を○○大学に入れたい。それが私の夢です」というようなケースです。そういう気持ちはすごくよくわかります。

しかし、龍がそれをサポートしてくれるかというと、時と場合によります。

自分の夢として龍に伝えてかまいません。ただ、実際問題、「子どもがそれを本気で望んでいるか？」というところを、おそらく聞かれます。

以前、こんな話を聞きました。

そのお母さんは、高校生のお嬢さんを超一流大学に入れたいと、幼い頃から受験させていい学校に入れ、塾に通わせたり、家庭教師をつけたりしてやってきたけれど、突然娘さんが不登校になってしまったのです。塾にも行きません。

理由を聞いても娘は答えてくれない。お母さんは、それは焦ります。学校で何があったのか、体調が悪いのか、今授業に遅れたらどうするのか、模試も受けていないし……。

頭の中はお嬢さん一色になっていたのです。

お母さんは常に娘のためを思ってやってきたと思っているでしょうが、お嬢さんにしてみたら、「自分で考えたい」「私の気持ちはどうなるの？」となっているかもしれません。でも、母親が自分のために一生懸命になってくれているのもきっとわかっているでしょう。お嬢さんはとても複雑な気持ちを抱えているはずです。

すると、龍がこんなふうに言ってきました。

「とにかく、無理に学校には行かせない。ガミガミ言ったり、世話を焼かないで、気分転換に外に遊びに行こうと聞いてみろ」

そして、お母さんもその遊びに一緒にチャレンジするのがポイントだ、と。

ダイビング、パラグライダー、乗馬、アイススケートなど、体を使った遊びがお勧めとのことでした。その手の遊びは、大概の子どもはお母さんよりうまいものです。娘にあえて、お母さんができないところを見せる作戦です。

いつもあれこれ自分に指示を出して完璧《かんぺき》だと思っていたお母さんでも失敗することがある。できないことがある。私が教えてあげられることがあるとなると、お嬢さんのお母さんに対する目線は変わります。

その固くなった気持ちを解きほぐしてあげるには、「親子」ではなく、人として対等の立場になることが大事だと龍は言っていました。その後に、「何があったのか」「自分は本当はどうしたいのか」ということを娘さんに聞いたらいい、と。

子どもの人生は子どもの独立した人生です。

本人は気づいていないかもしれませんが、子どもにもサポート役の龍がいるのです。

自分でやりたいことを決めて進んでいってくれるなら、それはそれで幸せなことなのです。

夢の見つけ方「小さい頃に好きだったことは何？」

主婦の方のご相談を聞いていて感じるのは、家族の幸せを願うことは、とても素敵なことですけれど、自分を輝かせることをもっと考えていいように思います。

なんとなく学校に行って、なんとなくお勤めして、結婚して、子どもを産んで。なんとなく生きてきて「やりたいこと」「ほしいもの」がわからないという人は、けっこういるのですが、そういうときは、自分に「今までの人生で何が一番楽しかったか」と聞いてみてください。

「小さい頃、歌を歌うのが好きだったな、もう一度歌ってみたいな」

「絵を描くのが好きだったな。また描いてみようかな」

「子どもの頃、バイオリンを習いたかったけど、できなかった。今ならできる」

こんなふうに「やりたかったけど、できなかったこと」を思い出す人もいるかもしれません。

私の友人に、60歳をすぎてモデルデビューをした方、40歳をすぎて歌手デビューをした方がいらっしゃいます。

若い頃そういう夢を持っていて、改めて「私、モデルになる」「歌手になる」と夢を設定した結果なのですが、ちゃんと実現できるのです。

モデルになった方に、龍は「週に一度はオーディションに行くこと」とアドバイスしていました。今は事務所に所属して、テレビに出演したり、充実した毎日を送っているようです。

龍は〝お金〟の望みも叶えてくれる

「龍神さまは金運を上げてくれる」「お金に関しては龍にお願いするといい」といわれることがあります。

私個人の感覚ですが、純粋な金運アップは、蛇のほうが得意な気がしています。

ただ、龍は、自分の相棒の夢を一緒に叶えるのが成長になるので、本人が「年収1000万円ほしい」「1億円ほしい」といったお金の夢を持っているとしたら、その夢を叶えようと一緒に奮闘してくれると思います。

なので、お金の夢をお願いするのも不可能ではありません。ただ、「風の時代」に入って、お金の価値観も変わってきているのも事実です。

今までの時代は「お金はあればあるほどいい」「たくさん稼げるほどエライ」とい

うムードがあったと思いますが、龍にしてみると、今もって大金に執着していたり、たくさん稼ぐということにフォーカスしている人には、「どうしてそんなにお金がほしいの？」と思うようです。

その質問の真意は、「自分の本当の幸せ」「何をやりたいのか」というところにつながっていきます。

以前、お金についてのセミナーをしたことがありました。

月収1000万円越えの方と、月収10万円以下の方とさまざまな方が集まりました。収入は多くても少なくてもどちらでも問題はありません。本人が選んだ結果が今の収入となっているのです。

月収10万円以下というのは、主婦の方とか、アーティストの方とかでした。10万円でも自分が満足していて、不自由ないならいいのですが、やっぱり日本での自立は難しいようです。親ないし誰かに頼る生き方になってしまいます。

それも自分の選択です。本当にそれでいいと思っているのでしょうか？

「経済的に自立したい」と望む方には龍は俄然張り切って力を貸してくれます。

しかし、そこも本人が動くか動かないかにかかっています。

お金の問題の解決は龍にとってはむしろ序の口

どうしても今月中に10万円が必要な場合、あなたならどうしますか？

龍は「メルカリに出品してみたら」と言っていました。セラピストの方には「キャンペーンをして割引セッションをしたら」とも。

スピリチュアルなことが好きな方だと、高価なパワーストーンを持っていたりすることもあって、そういうものをメルカリで売ることもできます。どうにかなるのです。

お金の問題はお金をつくる発想が浮かんでこないだけのような気がしています。

龍に聞いてみると、確かにそんなことで大丈夫なんだと気づかされることがあります。必要な額にもよりますが、「お金をどうするか」というのは龍にとっては「何で悩むの？」というくらい、簡単なことと捉えているように思います。行動を起こせばなんとかなる、つくれる場合が多いからです。

パートナーがほしいなら、行動は必須！

一方、簡単ではないのは「恋愛の悩み」や「パートナーがほしい」といったケースです。

40〜50代で「パートナーがほしい」とおっしゃっている方に対して、龍は「待っていても白馬の王子様は絶対来ないよ」「眠れる森の美女は現れません」と、キッパリ言ったりします。

たいがい、待っているばかりで、自分で行動に移していない方が多いのですね。

自分で積極的に出会いの場に出かけてみる、人に紹介してほしいと頼む、ということをしていれば、チャンスは出てくると思うのですが、それを全部含めて龍に「何とかしてほしい」と思っている方が多いようです。

あいにく、「目が覚めたら王子様が」みたいなことは決してありません。

龍は、人間が現実で行動を起こしているかを見て、スピードアップしたり、新たな道を開いたりするので、行動は必須です。

実際、パートナーや恋人に関して、「本当のところはほしいと思っていなかった」というような場合もあったりします。

本当の問題から目を背けるために間違った夢を追っていたりするのです。

そういった本心に自分が気づいていなかったりすることもあります。そういう場合、龍は「本当に結婚したいの？」「本気でパートナーがほしい？」と、何度も聞いてきたりします。

しっかりと自分を見つめ直し、本当の自分の望みに気づく方もいらっしゃいます。

「何のために恋愛をしたいの？」
「パートナーってそもそも何？」
「結婚に何を期待してるの？」

龍は表面的なことではなく、自分でも気づいていない本当の気持ちに気づかせてくれるのです。自分らしく好きなことをして生きることに集中してみましょう。

パートナーが急に現れたりということもあるのです。自分らしく生きていると魂が引き合う本物のパートナーに出会えるのかもしれません。

困ったときは龍と戦略会議をしよう

龍とコンビを組むと、自分では苦手と思っていた分野の仕事をラクラクこなせて、人のお役に立つことができたり、自分の可能性が広がることが多いです。

たとえば、最近、龍がコンサルのようなセッションを始めました。

起業をしたい人、売り上げをアップさせたい人にアドバイスをするわけですが、私自身は経営コンサルなんて、自分からは一番かけ離れている職業と思うくらい、よくわかりません。

私自身がコンサルができると思っていらっしゃる方もいますが、私はそういう分野の専門家ではないので、あくまで龍の通訳です。毎回、「そういう考え方があるのか」

「ここが目の付けどころか」など、一緒にお勉強させていただいている感じなのです。

私のところへは、ビジネスパーソン、ＯＬさんなどいろいろな方がいらっしゃいます。

仕事のジャンルはさまざまですが、これまで比較的多いのは主婦の起業家さんで、子育てしながら扶養範囲をちょっと超えるくらいを目指したいとご相談にいらっしゃる方たちです。

龍はかなり具体的にズバズバ詰めてくる

龍のコンサルは、かなり戦略的です。

ちゃんとやらないと厳しめの指摘が入ることもあります。

たとえば、セラピストさんで月収50万円を目指している方がいました。現状は、月2〜3万円の収入です。

龍のアドバイスとしては、SNSのフォロワーを増やすのが先決だ、と。今30人程度というのを、まずは1000人以上に伸ばすことが第一と言っていました。

龍「とにかくフォロワーを増やすことだよね。フォロワーさん30人が全員お客さんになってくれたとしても、5000円から1万円くらいのセッションでは、50万円に届かない。この仕事を何年やっているの？」
相談者「3年です」
龍「ずっと月数万円の収入でヨシとしてきたの？」
相談者「……」
龍「本気でやるなら、毎日休みなく、2〜3人のセッションをこなさないと50万には届かないよね。自分のSNSを客観的に見てどう？　この人のセッションを受けたいって思う？」

こんなふうに、けっこう攻め気味にズバズバ言ってきます。

難しい集客率の計算とか、サクサク計算式なども出てくるので、私は「龍ってすごいな」「ちょっと厳しすぎない？（汗）」などと思いながらお伝えしている感じです。

目標を達成するために「これが必要」というものは、すべて龍が示してくれますが、アドバイスを実行に移すかどうかは、やはりご相談者さんしだいです。

夢や目標があるならば、どのような立場でも、「ちょっとだけ収入を増やしたい」という望みでも、行動していかないとダメだということは、龍と生活する中で私が一番に感じていることです。

中にはくじけてしまう方もいらっしゃいますが、**これまでのやり方を変えて、龍のアドバイスを取り入れて行動を起こした方は、間違いなく現状打破して、売り上げや集客アップに成功しています。**

「早く結果を出す」ということに関しては、龍は本当に得意中の得意だなと、本当に思います。

再度セッションを受けにいらっしゃったときは、みんな顔つきが変わっていて、自信に満ちあふれているし、相談内容も変わっています。

「今までやってなかった〇〇〇というセッションをやりたいと思うけれど、どう思うか」「〇〇〇の製品を扱って売りたいけどどう思うか」など、まるで戦略会議のようです。自分と一緒にいる龍とおしゃべりできたら、自分たちでいつだって戦略会議ができるようになるのです。

龍はビジネスパートナーであり、優秀なコンサルタント

私自身、何かをするときは、セッションの内容にしろ、価格設定にしても、基本的にすべてを龍に相談しています。

極端にいうと、私の場合は、龍に聞かないと何もできないんです。私自身は何もできないけれど、龍の言う通りにやっていると、自分では思いもよらなかったことができてしまったりするのです。

数年前から龍ブームと言われるようになりました。龍を意識し始めた方がたくさんいらっしゃいますね。龍のエネルギーが高まっているときなので時代に乗るという意味でもアリだと思ってます。

私の受け取る情報は基本的にずっと龍経由です。ブームは関係ありません。

それが私と龍さんとの関係なのです。

龍から突如「ミニセミナーをやんなきゃ」と言われることもあります。忙しいときでもおかまいなしなので、「ええ！　今ですか？」と思ったりもするけれど、「いいからやってみて」と言われて、急いで企画を考えて告知するようなケースが圧倒的に多いです。

それらの全部が素晴らしい結果になるというわけではないですが、学ぶことが多くて、何かするときに、その経験での学びが生きるということがよくあります。

これは特別な能力ではなくて、トレーニングを続けて龍と仲良くなれば、誰でもできることで、スイッチのオンオフくらいの簡単なことになるのです。

私に限ったことではなくて、ドラゴンメッセンジャーになった方で、「今や龍はビジネスパートナーだ」とおっしゃっている方もいます。

もともと個人でビジネスをしている方でしたが、龍と相談して、株式会社を設立して、会社登記をする日を決めたり、何でも龍に相談しながら会社の戦略を決めていて、現在も順調に運んでいるようです。

自分で決めることが大事

龍というのは、基本的には「自分の本当に望むことをする」ように促します。

たとえば、「今の彼と結婚したらどうなりますか?」というようなご相談を受けたことがあるのですが、「波乱万丈な未来」を龍が見せてくれることがありました。

他にも彼女に思いを寄せている男性がいたようで、その人と一緒になればお年寄りになったときにのんびりとお茶を飲んでいるビジョンが見えました。

見えたことはありのままにお伝えします。

そして「決める」のは自分です。

どちらを選ぶことが幸せであるかのジャッジは他人にはできません。

「波乱万丈」か「穏やかな生活」か、本人が自分で決める必要があります。

私自身に関してもそうですが、何でもかんでも相談はするものの、最後は「自分で決めて」と龍に言われることは、よくあります。

何か聞いても、「今はそのことは言えない」と言われることもあります。

どうやら教えてもらっても理解できないようなのです。

そして、そのことは学びの後に、その理由が判明するのです。

龍とコンビを組んだとしても、龍に依存することはできません。

龍は人間の成長を望んでいるので、時には何も教えてくれないこともあるのです。

第4章

龍活トレーニング

龍とおしゃべりする方法【実践編】

誰でも龍とおしゃべりできるようになる「龍活トレーニング」

では、いよいよ龍活トレーニング（龍トレ）をスタートしましょう！

先に流れを説明しておきます。

「ステップ1」では、あなたの夢にフォーカスしていきます。

龍と前進するあなたの「覚悟」を確認する

↓

龍にあなたの夢を伝えてゴールを設定する

↓

夢を叶えるプロジェクト名と期限を決める

「ステップ2」では、あなたとコンビを組む龍にフォーカスしていきます。

あなたのそばにいる龍をイメージしてみる
↓
あなたの龍に会ってみる
↓
龍とのコミュニケーションを深める

「あれ？　先に龍じゃないの？」と思う方もいるでしょう。本をここまで読んできて、すでに龍の存在を感じていて、早く龍とおしゃべりしたいと思っているかもしれません。

ここでポイントがひとつあります。龍とのおしゃべりのテーマは「あなたの夢」です。極端に言うと龍はあなたの夢や希望、幸せ以外に興味はありません。そこが明確でないとなかなか話も弾まないのです。

STEP

1-1

龍と前進する「覚悟」を確認する

「風の時代」に入り、変化のスピードが速くなってきました。

龍が張り切る時代です。

龍はもともと、先頭集団に位置することが多いので、時代の先端を行きたがるのです。

龍と行動するとどうしてもスピードが速くなります。次から次へと変化の波がやってくるので忙しくなるイメージです。

でも、心配はいりません。

龍が大好きなあなたは、そのスピードにすぐに慣れることができます。

龍と一緒に前進する準備ができた瞬間です。

そこからは龍と二人三脚で進みましょう。

まずは龍と一緒に前進する準備をします。

龍が大好きなあなたは、龍がそこにいることを知っています。

見えない存在である龍ですが、確かにそこにいるのです。

そこは疑わないでください。

見えなくても聞こえなくても感じなくても、龍はそこにいてあなたのことをサポートしてくれています。

今のタイミングで半信半疑だったり、「証明したら信じる」というような方は、龍とコミュニケーションをとるのは難しいでしょう。

そこにエネルギーを使う時間はありません。時代はどんどん進んでいますよ。

自分のタイミングでＯＫです。

龍と一緒に前進する覚悟ができたらトレーニングを始めましょう。

STEP

1-2

龍にあなたの夢を伝えて ゴールを設定する

あなたの夢は何ですか？

龍と一緒に夢を叶えませんか？

トレーニングのスタートは、龍と一緒に何を達成したいかを明確にします。

「何となく龍とおしゃべりできたら楽しそう」

「適当に講座を受ければできるようになるだろう」

「私には特別な能力があるから」

あいにく、遠回りになるのはこんな感じの方です。

龍と一緒に本気で夢を叶えたいなら、どんな夢でも確実に叶うでしょう。龍にはそれだけの能力があります。その龍と同じだけのパワーをあなたが身に付けたときにミラクルが起こるのです。

龍と一緒にどんな夢を叶えますか？　龍とコミュニケーションを取りましょう。ここは真剣に向き合ったほうが結果を出すのが早いです。

龍は目標に向かって進みます。ゴールが明確でないと、どんなに能力があっても結果に結びつきません。あなたのゴールはどこに設定しますか？　ノートなどに書き出してみましょう。

龍からの質問

【あなたの夢は何ですか？】

（自分一人ではちょっと難しいと思っていること）

【今、何がほしいですか？】

（自分の力では手に入らないようなもの）

個人によってまったく違う答えが出てくるはずです。夢はそれを夢と認識した地点で必ず叶うのです。龍と一緒に全力で叶えていきましょう。

ゴール設定ができましたか？

何となくワクワクしてきましたか？

さらにワクワクするために、再度、龍の質問に答えましょう。

今度はしっかりと龍を呼んでみましょう。

すでに自分の龍を認識している方は、そのまま呼んでください。

よくわからない方は、理想の龍をイメージしてください。

好きなタイプ、好きな色、好きな体形、詳細にイメージできるほど良いです。

龍がイメージできたら、その龍にあなたの夢を伝えてください。

龍はこれから一緒に行う夢プロジェクトの主要メンバーです。
どんな夢を叶えたいのかを情熱を持って伝えましょう。

龍に伝えること

【あなたの夢】
（自分一人ではちょっと難しいと思っていること）

【今、ほしいもの】
（自分の力では手に入らないようなもの）

龍は反応してくれましたか？
一緒に夢を叶えてくれそうですか？
ワクワクしてきましたか？

ちゃんと伝えられたら大丈夫です。
龍と一緒に夢を叶える準備は整いました。
設定完了です。
龍と一緒にゴールに向かって前進しましょう。

わからないことはここで明確に。途中であきらめないで！

龍とコミュニケーションをとってみましたか？

龍の質問には答えられましたか？

龍に思いを伝えられましたか？


パーフェクトにできた方はＯＫです。先に進みましょう。スピードが大切です。

「ちゃんと答えられなかった」「思いがまとまらなくて、まだ伝えられていない」

そんな方は、何が原因なのでしょうか。


「自分の夢がわからない」「自分の思いがわからない」「龍の存在がわからない」

「龍に伝わっているかどうかわからない」

ここでわからないことを明確にしましょう。

夢をすらすら答えられるまで、龍にちゃんと伝えられるまでやりましょう。途中であきらめないでくださいね。これは龍との関係のことだけではないはずです。自分の人生においても中途半端にしていることがあるはずです。

ちょっとうまくいかなかったから、あきらめてしまったことがないでしょうか。ぼんやりしている方は龍と一緒にいられなくなるかもしれません。今はそのタイミングではなかったのかもしれませんし、無理に龍とつながろうとしなくてもいいのです。

しかし、この本を手にしてくださったのは、少しでも「変わりたい」という思いがあったのではないでしょうか。胸に手を当てて思い出してみてください。

夢を叶えると覚悟を決めた方にとっては簡単です。中途半端な方には簡単ではないです。龍と一緒に本気で自分の人生に向き合いましょう。

STEP

1-3 夢を叶えるプロジェクト名と期限を決める

龍に思いを伝えたら、『龍と夢を叶えるプロジェクト』が始動します。素敵なネーミングをつけてあげると、楽しいですよ。

たとえば――

『10キロ痩《や》せるプロジェクト』
『月商2倍プロジェクト』
『恋人GETプロジェクト』

夢が叶ったとき、あなたはどんな状態にあるでしょうか？

そのときの自分を想像してニヤニヤしてしまうようなプロジェクト名にしてください。

叶ったときの自分の様子を、詳細にイメージしたほうが効果的です。

思いっ切り究極の理想をイメージしましょう。


期限がないとその夢を追うことのほうが目的になってしまいます。

ある意味、それも楽しいので誰もが陥りがちのところですが、叶えたいのは「ゴール」のほうのはず。

追っているだけでは夢は叶いません。

期限付きのプロジェクトが完成した頃には、あなたが気づいても気づかなくても、龍は近くにいます。

そしてあなたの夢に向かって全速力で動き始めます。

あなたの夢を叶えることが、龍の使命なのです。あなたが途中であきらめると龍も

使命が果たせなくなります。

龍と一緒に夢を叶えるプロジェクトはあなた自身に責任があります。

決してあきらめないでください。

あなた自身が手放さなければ、龍とともに描いた夢はきっと叶います。

STEP

2-1 あなたのそばにいる龍をイメージしてみる

さあ、どんどん行きますよ！

今度は龍にフォーカスしましょう。

あなたの近くにいる龍はどんな龍でしょうか？

私は龍の姿が見えますが、あなたがイメージした龍と私が見る龍はほぼ一致します。

まったく違う龍がいることはめったにありません。

人は知らないものをイメージすることはできないようです。

〝サオラ〟をイメージしてください。

〝フォッサ〟をイメージしてください。

どちらも実在の動物です。知っている方はイメージできますが、私は知らなかったのでまったくイメージできませんでした。でも、今はインターネットで調べたのでイメージできます。

それでは「龍」はどうでしょうか？

何となく知っている方が多いと思います。

「神社で見た」「ドラクエ」「辰年（十二支）」

実は、誰もが小さな頃は、実際に近くにいる龍と会っていたみたいです。忘れてしまっている方がほとんどですが、見えない存在が見えていた頃です。

だから、自分の近くにいる龍はしっかりとイメージできるのです。

「龍をイメージしてください」

毎回同じように言うのですが、人によってまったく違う龍をイメージします。

あなたがイメージしたあなたと一緒にいる龍は、いつから一緒にいるかというと、輪廻転生《りんねてんしょう》を繰り返して今世に至る過去世から、ずっとあなたを見守っていることが多いようです。

小さな頃は一緒に遊んでいたし、前世では一緒に仕事をしていたりするのです。そして、大きくなって、あなたが意識しなくなっても、ずっと見守っています。幸せなときも、辛いときもずっと近くにいたのです。そんな龍の姿を正確にイメージできないわけはないのです。

時折、何かの機会にあなたのサポートを始めた龍もいらっしゃいます。あなたのプロジェクトに賛同して仲間に加わったみたいな感じです。ご縁のある存在から派遣されたりする場合もあります。

まずは小さな頃や前世から自分を知っている龍と一緒に前進しましょう。

はじめは、昔からあなたといる龍とタッグを組むのをお勧めします。

あなたの脳裏に浮かんだ龍のイメージは、そばにいる龍が伝えてくれている映像です。自分が勝手に作っている妄想ではありません。

あなたの龍を信じてください。

そして自分自身を信じましょう。

STEP

2-2

あなたの龍に会ってみる

それでは、あなたの龍と会ってみましょう。
もう少し細かいところを認識していきたいと思います。

まず、龍に近くに来てもらいましょう。目の前に来てもらいます。

「龍さん、私の目の前に来てください」

このように声をかけてみましょう。龍はまず目の前にいることはありません。
大きな龍は空から見守っています。小さな龍も斜め後の上のほうにいることが多いです。隣にいることもあります。

龍は、自由自在でいろいろなところにいるのですが、あなたが呼べば飛んで来てくれます。

今日は目の前に来てもらいます。

少々、照れもあると思いますが、じっくり顔を見合わせましょう。

大きな龍さんは等身大くらいになってもらいましょう。


龍と向かい合わせになってください。あなたの正面に龍がいます。

しっかりと龍に視点を合わせるためにいくつか質問をします。

龍を見ながら質問に答えてください。

「何となく……」「そんな感じがする……」で十分です。

五感をフル活用して、龍を感じてください。

【あなたの龍に会うワーク】

①龍の第一印象はどんな感じですか？
②どんな色をしていますか？
③姿形はどんな感じでしょうか？
④目はどんな感じですか？　何色ですか？
⑤角はありますか？　どんな角ですか？
⑥ひげはありますか？　どんな感じですか？
⑦口元はどんな感じでしょうか？　牙《きば》は見えますか？
⑧肌の感じはどんな感じですか？（羽毛系、ウロコ系、メタリックなどいろいろあります）

いかがでしたか？
講座の中でも行うワークですが、ほとんどの方が思ったより「わかる」と言います。

【龍に触れるワーク】

①龍に触ってみましょう
②どんな感触ですか？
温かいですか？
冷たいですか？
やわらかいですか？
硬いですか？
フワフワの羽毛系ですか？
ウロコ系ですか？

龍の種類によって違うので自分の感覚でOKです。今まで、触れることができなかった方が1名だけいらっしゃいましたが、それは特殊なパターンでした。ほとんどの方が何となくでも触れることができると思います。その感触を楽しんでください。

次に進みます。

【龍の宝物をもらうワーク】

①龍の手（前足）を見てください。

何か持っていますか？（持っている場合と持っていない場合があります）

何か持っている場合、何を持っているのか確認しましょう。

隠すようなら「見せてください！」とお願いしてみましょう。

②龍が持っていたものを「ください！」と言ってみましょう。

持っているものは龍の宝物です。


絵画などでは水晶や宝珠などを持っていることが多いですが、そうとは限りません。

バラの花一輪というときもありました。

「ください」と言っても、もらえる場合ともらえない場合があります。

半々くらいの確率です。

もらえなくても落ち込む必要はありません。

後からくれる場合もあります。

講座でこのワークをすると、「帰宅してからもらいました！」と報告があることもあります。

龍はあなたに宝物をくれました。

この宝物は今後あなたの人生において大変役立つツールとなっていきます。

もう一度、龍と一緒にあなたの夢を確認する

いかがでしたか？　あなたの龍としっかりと意思疎通ができましたか？

「そんな気がする（？）」

はい。その程度で十分です。
龍のほうはしっかりとあなたを認識しました。
一緒に前進する準備万端です。

「さっぱりよくわからなかった」

そんな方も大丈夫です。今まで意識したこともなかったのですから、なおのこと、当然です。まだまだトレーニングはスタートしたばかりですから。

それでは再度、あなたの夢を思い出しましょう！

龍と一緒に叶えるプロジェクトです。

「あれ！　何だったっけ？」

そんな方が時々いらっしゃいます。それでも構いません。思い出すか、再度考えてもOKです。もしかしたら最初とはすでに気持ちが変わってきている場合もあります。龍とコミュニケーションをとると、毎回新しい展開になることもあります。

今度は、必ずあなたの龍が一緒にいるイメージをしながら考えてください。

龍と一緒に叶える夢

【あなたの夢は何ですか？】
（自分一人ではちょっと難しいと思っていること）

【今、何がほしいですか？】
（自分の力では手に入らないようなもの）

前よりもワクワクが増してきたら満点です。
めっちゃ前進しています！
龍とともに先に進みましょう。

あなたの龍にニックネームを付けよう

あなたは自分に寄り添う龍に会い、龍と一緒に叶える夢も明確になりました。
次は何をしますか？
一緒に夢を叶える龍をさらにしっかりと認識して、もっと仲良くなりたいと思います。
ところで、いつまでも「龍さん」と呼ぶのも変ですよね。
親しみを込めて名前を付けてあげましょう。
「龍の名前ってどういう感じなの？」と思うでしょうか。
私が聞いたところによると、私たちには発音するのが難しかったり、とても長くて覚えられなかったりするようです。

結局はニックネームで呼んでほしいみたいです。

それなので気軽に呼んであげてください。ほとんどの方がすぐにピンとくるようです。ちなみに「龍さん」とそのまま呼んでいる方もたくさんいらっしゃいます。

私の仲間たちの龍の名前は、にじぶるさん、ファルコン、フレデリック、そらさん、ジャス、雅（みやび）、ドラちゃん、ぴかちゃんなどさまざまです。

龍の声が聞こえる人、聞こえない人がいると思いますが、実は、龍もあなたのことをニックネームで呼んでいるんですよ。

あなたは龍にとって仲の良い友達の一人なのです。あなたもそのつもりで、呼びやすい名前で呼んであげましょう。

龍の気配、エネルギーを感じてみよう

龍の姿は見えてきましたか？

繰り返しますが、「何となくいるような気がする」でOKです。

近くにいると熱を感じて熱くなることはよくあります。動くと風圧を感じることもよくあります。

最初から全身がしっかりと見える方はほぼいません。

何となく色がわかったり、しっぽの先だけが見えたり、顔の一部が見えたり、何となく長い物体のようなものが見えたり、羽根らしきものが見えたり……。

いろいろなパターンがあります。

エネルギーや気配を感じる方は多いようです。

熱を感じる、何となく右上にいるような気がする、左側にいるような気がする、バックハグされているような気がする……。

そのような感覚、全部合ってますよ。自信を持ってくださいね。


龍はいろいろなパターンで存在をアピールしてくるのです。

しっかりと受け取りましょう。

姿が見えなくても存在はわかってきましたね！

まったくわからない方は、好きな龍をイメージしましょう。だんだんと龍のエネルギーを感じることができるはずです。

さらに龍と仲良くなるコツ「龍に毎日挨拶しよう」

「コンビを組んだ龍は、いつも私のそばにいるのかしら？」

龍との関係が深まってくると、龍がいつもどんなことをしているのか、気になるかもしれません。ぜひ、日常でも龍を感じながら過ごしてほしいと思います。

空を飛びまわったり、自然の豊かな場所にお出かけしたり、次元を超える存在なので、宇宙と地球を行ったりきたりしてお出かけしている龍もたくさんいます。

最近増えているのは、用があってもなくても、あなたのそばにずっといる龍です。

前述したように、龍というのは自由自在に自分のサイズを変えられます。小さくなってあなたの肩や頭の上に乗っていたり、ぺったりくっついていたがる龍もいるんです。猫みたいにピアノの上でずっと寝ている龍もいます。

私の憶測ですが、今コロナ禍が長引いて、知らず知らずのうちにメンタルが弱ってきている方もいると思います。龍はそういう人のそばにいて、守ってくれているのだと思うんです。

また、専業主婦は微妙に孤独だったりもします。

「この1週間、家族以外で誰とも話していない……」「私って社会から孤立しているのかな……」。そんなふうに感じる方も多いものです。そういうときも、龍はそばにいてくれます。

たとえお出かけしていても、龍は呼べばすぐにあなたの元に来てくれます。

挨拶から始めてみましょう。

「おはよう!」

「元気？」
「おやすみ」

それだけでも十分です。

何となく返事が返ってきませんか？

返事は耳で聞こえるわけではないかもしれません。テレパシーのように聞こえたり。地球語になっていなかったり。頭の中に文字が浮かんだり。

いろいろなタイプがあるのです。

こうでなくてはいけないという思い込みは外してください。

あなたの想像とはまったく違うかもし

れません。あなたの思考で理解できる範囲のことではないかもしれませんが、龍との会話は始まっています。

すでに龍とスムーズに会話ができるようになっている方もいるかもしれません。どんどん龍の名前を呼んで、コミュニケーションを楽しんでほしいと思います。交流が増えれば増えるほど、意思疎通がスムーズになり、言葉がわかるようになったり、メッセージをクリアに受け取ることができるでしょう。

STEP 2-3

龍とのコミュニケーションを深める

龍に質問をして、「イエス」「ノー」で答えてもらいたがる方が多くいらっしゃいます。実は私はお勧めしていません。

ニュアンス的には最初はイエス・ノー形式でスタートするのもアリでしょう。

でも、できるだけ早いタイミングで会話形式に移行しましょう。

なぜならば、最初にそれで慣れてしまうと普通の会話が難しくなってしまうようなのです。

龍の動きや表情、体全体のオーラから答えを感じたりすることもあります。発光して教えてくれることもあります。「ピンポン」というクイズ番組の正解の音が聞こえるという人もいます。脳裏にテレパシーのような感じで伝わってきたという人もいます。

短い質問からチャレンジして、少しずつ難しめの質問や悩みを相談していくとよいでしょう。その場で答えをくれるかはわかりませんが、何らかの形で答えを受け取れる可能性大です。

ふと映像が浮かぶかもしれないし、ちょっとした単語や一言が脳裏にパッと浮かぶかもしれません。「声」で言葉を受け取る場合もあります。質問から時間が経っていたとしても、「あの答えだな」ときっとわかります。

龍が知らない言葉を話してくれているけど、「意味がわからない」となったとしても、徐々に耳が慣れてくると、「こういうことかな？」と何となく察しがつくようになってきたりもします。

「こういう意味ですか？」と確認をとることで会話を続けてみましょう。龍もこちらの言語を勉強してくれるので、お互いの意思疎通が普通の会話のようにできるようになってきます。

第 5 章

龍活トレーニング

龍とおしゃべりする方法
【体と心編】

自分軸を整えよう

あなたは龍としっかりとタッグを組みました。

龍と一緒に前進するためには、自分自身を整えることがとても効果的です。

龍がいくら頑張っても、受け取る人の心や体が整っていないと無理があるのです。

心や体を整えることは、ここまでの龍トレがイマイチうまくいっていない、「龍のことなんてまったくわからない」「夢や目標を持てない」と足踏みしている方にもお勧めです。

何より、夢を叶える邪魔をしているのは自分自身かもしれません。

そこで、自分自身を整えるトレーニングをしっかりやってみましょう。

自分の体のメンテナンスは、地球という3次元においてはとても大切です。

龍とコンビを組むと、ハードスケジュールになる人がほとんどです。それができる体力を維持しておくことは、私たち人間の役割でもあります。

自分自身を整えるには「センタリング」「グラウンディング」が基本

最初に、自分軸を整えるための、エネルギー的なメンテナンスをお伝えしたいと思います。「センタリング」と「グラウンディング」です。

私は「宇宙と地球の真ん中に自分を設置すること」とお伝えすることが多いですが、**センタリングは「自分の中心に戻る感覚」、グラウンディングは「地に足を着ける感覚」とざっくり理解してもらえば大丈夫です。**

この2つが大事なわけは、スピリチュアルなことに関心を持って、いろいろな認識が変化していくと、自分のアイデンティティがあやふやになったり、「目の前にある現実」にしっかり参加することが、困難になることもあるからです。

スピリチュアルの世界での基本事項なので、ヨガや瞑想、ヒーリングなどで経験したことがある方が多いと思いますが、とても大切なことです。

「自分軸がある状態」とは？

あなたは「自分軸」がある状態ってどんな状態かイメージできますか？

ほとんどの方がよくわかっていないみたいです。

自分軸が整っていないと、人生の歩むべき道をまっすぐ進むことが簡単ではなくなってしまいます。

まっすぐ進まない自動車を運転するのが危険なのは誰でもわかりますよね。自動車だったらすぐにメンテナンスが必要だと気づけると思いますが、自分がまっすぐ進んでいないことに気づけない人が意外に多いのです。

エネルギーバランスが崩れて軸が整っていないまま、行動していることが多かったりします。

あなたの龍はどんなときでもサポートしてくれています。

それでも寄り道が多くなったり、ヤル気が起きなかったり、物事がスピーディーに進まなかったり……ということが続いたら、軸がズレてしまっているのかもしれません。

それは一瞬で戻るでしょうか？

一瞬だけなら戻ることは可能でしょう。

でも、ズレている状態に慣れ切っていたら、ボディはまた、ズレているほうに戻ろうとします。慣れているほうへ、楽なほうへ、どんどん進んでいくのです。

そうなってしまうと自分のやり方で元に戻るのは簡単ではありません。正しく見える方向が違っているからです。自分で、それを確認するのはかなり大変。ほぼ不可能に近いです。でも、龍と一緒なら、それをサポートしてもらえます。

もちろん自分軸がしっかりしている方は、龍のサポートでさらに飛躍ができます。

龍と一緒に「自分軸」を整えることをやっていきましょう！

【実践ワーク】

センタリング＆グラウンディング

龍と一緒に、センタリングとグラウンディングをしていきましょう。龍はあなたのそばでうまくいくように見守ってくれています。

立ったままでも、座ったままでもどちらでもOKです。それでは始めます。

センタリングとグラウンディング

宇宙の中心からキラキラと光る光がまっすぐに頭頂に向かって降りてくるイメージをしてください。頭のてっぺんからあなたの体の中心を通ってまっすぐに地球の中心まで光が降りていきます。しっかりと地球の中心につながってください。

今度は地球の中心から足の裏に向かって光が昇ってきます。

足の裏を通って体の中心を通り、頭のてっぺんを抜けて宇宙の中心までつながっていきます。しっかりと宇宙の中心につながってください。

宇宙と地球の中心に自分を設置することができました。

このワークを2〜3回繰り返すと安定します。

ちゃんとセンタリングとグラウンディングができると、自分の中に光の柱が通るのがわかると思います。

自分自身が光の柱になったイメージをしましょう。宇宙からのエネルギーをしっかりと受け取り、大地にしっかりと立っているイメージです。

最初はうまくイメージできないかもしれません。何度もやっているとその状態が自然になってきます。自分軸が見えてくるのはそこからかもしれません。

宇宙と大地の中心に自分自身がしっかりと立ったときに、何を感じることができるでしょうか？

今までと違うことを感じるかもしれません。その感覚を大切にしてください。

もし、今まで軸がズレていたとしたら、まっすぐになったときの感覚はどうでしょうか？

油断するとまたズレてしまいます。習慣にできるといいですね。

継続することが大切です。

自分のメンテナンスがしっかりできているかどうかを龍に確認しましょう。

「ちゃんとできてる？」と聞いてみてください。

龍と一緒に行うと、しっかりとサポートしてもらえます。

【実践ワーク】

龍と一緒にオーラの浄化・調整をやってみよう

あなたのオーラを確認しましょう。

人間のオーラというのは、体を取り巻く楕円形《だえんけい》の〝エネルギーフィールド〟といわれています。

人によって大きさはいろいろですが、大体、体から50センチ〜80センチくらいの範囲にあるものらしいです。

7層ほどあるといわれていますが、そこはあまり意識せずに全体を浄化、調整していきます。オーラの色を気にする方もいらっしゃるかと思います。ここでは、そこもあまり注目しません。オーラの形を整えたり、補修したり、少し丈夫にしたり、ということをやっていきます。

【オーラのワーク】

①まずは自分の周りにオーラがあることを知ってください

自分の体がたまご型のカプセルのようなオーラに包まれていることをイメージしましょう。たまご型のカプセルは透明でも色がついていてもどちらでもＯＫです。

②オーラを触ってみましょう

少し手を伸ばしてみて自分のオーラがどこにあるかを確認しましょう。オーラの大きさは個人差がありますが、大体の方が何となく触れるはずです。

オーラの中とオーラの外の感覚が少し違うのに気がつくでしょうか？

その境目にオーラがあります。

③オーラの状態を確認しましょう

オーラが確認できたらオーラの状態をチェックします。

どこかに穴が開いていないか？　ギザギザしているところがないか？

黒ずんでいたり、汚れているところがないか？

いびつな形ではなく、きれいなたまご型になっているか？

くすんでいないか？　靄《もや》がかかっていないか？

④龍と一緒にオーラの修復を行いましょう

龍に近くに来てもらいます。

あなたのオーラの中に入ってもらってもOKです。

先ほど確認した修復が必要な箇所を龍に伝えてください。龍が龍のエネルギーでオーラを修復します。きれいなたまご型になったら完了です。

⑤龍と一緒にオーラを浄化しましょう

龍と一緒に、できれば声に出して言ってください。

「オーラを浄化します」

最初の状態と変化を感じることができるでしょうか？　体が軽く感じたり、スッキリした気持ちになるかもしれません。龍のOKサインが出たら完了です。

⑥龍と一緒にオーラを調整しましょう

龍と一緒に、できれば声に出して言ってください。

「オーラを調整します」

最初の状態と変化を感じることができるでしょうか？　温かさを感じたり、キラキラしたり、透明感が増したように感じる方もいるようです。龍のOKサインが出たら完了です。

最初は簡単にはできないかもしれませんが、すべて龍にお任せするのがコツです。

【実践ワーク】

龍と一緒にチャクラの浄化・調整をやってみよう

次は、チャクラにフォーカスしていきましょう。

チャクラは、サンスクリット語で「車輪」とか「回転」を意味する体の〝エネルギーセンター〟といわれています。

人の体には7つのチャクラがあり、そこを起点としてエネルギーが出入りしています。車輪のようにぐるぐると回って活力を生み出しているのです。

チャクラは、一般的には脊柱《せきちゅう》の各ポイントに位置するといわれています。

【チャクラのワーク】

龍と一緒にチャクラの浄化と調整を行います。

第7チャクラ
第6チャクラ
第5チャクラ
第4チャクラ
第3チャクラ
第2チャクラ
第1チャクラ

龍に近くに来てもらいましょう。龍と一緒に丁寧に確認していきます。

①最初にチャクラの位置を確認しましょう

前ページのイラストに従って、自分のチャクラの位置をチェックします。

ひとつひとつを丁寧に意識してみてください。

②龍と一緒にチャクラの状態を確認しましょう

チャクラはいろいろな形で見えてくるようです。

ピンとこない方は水晶のようなものをイメージしてもＯＫです。

③まずは今の状態を確認します

第1チャクラからでも第7チャクラからでも、どちらからでもＯＫです。

どんな感じがしますか？

どんな形をしてますか？
どんな色をしてますか？
くすんでいたり、濁っていたりしていますか？

④次にひとつずつ浄化と調整をしていきます

龍と一緒に次の言葉を、できれば声に出して言ってください。

「第○チャクラを浄化します」
「第○チャクラを調整します」

何か変化はありましたか？

⑤7つのチャクラの浄化と調整が終わったら全体のバランスを確認します

自分ではわかりにくいので龍に確認してもらいましょう。

「チャクラの全体のバランスはどうですか？」

このように聞いてみてください。龍のＯＫサインが出たら完了です。

最初は変化がわかりにくいと思います。龍とコミュニケーションが取れるようになるとだんだんとわかってきます。

個人差があるのですぐにできる方もいれば、時間がかかる方もいます。根気よく続けることをお勧めいたします。

自分でやるのではなく、どれだけ龍にお任せできるかがポイントです。龍と一緒の共同作業の習慣をつけていきましょう。

「睡眠・食事・運動」で肉体を大事にしよう

スピリチュアルなことが好きな方は、肉体のケアをおろそかにしてしまいがちなところがあるように思います。

「ヒーリングをしておけば大丈夫」という方が時々いらっしゃいますが、やっぱりこの地球上にいる以上、肉体はとても大切です。ヒーリングしていれば、寝なくてもいい、運動しなくていい、病院に行かなくていいということはないと思います。

とくに、これからセラピストを目指しているとか、さらに活躍していきたいという方は、今以上に肉体のケアをしてあげてください。目に見えない世界とつながって、何かをするというのは、想像以上に体力を消耗するからです。

風の時代になって「個」を発揮することが求められてきますが、この地球において「個」と肉体を切り離して考えることってできませんよね。

今、筋トレしたり、肉体改造をしている人も多いです。リモートワークが普及したおかげで、家でエクササイズのレッスンを受けるということも気軽にできるようにもなっています。

面白いことに、みんな時代のエネルギーの変化をさりげなくちゃんと受け取って実践しているんです。

タフを自負していた私が体を突然壊した

私は若い頃は本当に病気知らずで、タフそのものでした。「橋爪さんはタフだね〜」とよく周りの人からいわれていましたが、自分でもそう思っていました。

ショートスリーパーで、どんなに疲れていても、数時間寝たらへっちゃら。あっという間に復活できました。

実は30代の頃、主人が経営する運送会社を手伝っていました。

コールセンターで働く前のことです。

運送会社は24時間営業で、3交代くらいでドライバーが朝から晩まで、誰かしらトラックを走らせています。

彼らのスケジュールに合わせて、朝4時に出勤したり、夜中まで残っていたりすることがザラで、睡眠時間もままならない。ご飯の時間も適当で、朝昼晩をコンビニ弁当で済ませていました。

その後コールセンターの仕事について、運送会社ほどではありませんが、それなりに忙しい職場で過ごしました。

好きなものを食べて、飲んで、毎日犬の散歩をしているし、体がおかしいということもなく、自分では元気なつもりでやってきたのですが、突然体を壊してしまったのです。

やはりこれまでの不摂生が最大の原因だったのでしょう。知らず知らずのうちに体にだいぶ負担をかけていたのです。

突然めまいがして倒れたのですが、病院でもこれという原因が見つからなくて、治療するところがなかったのです。

でも、頭も、お腹も、心臓もみんな痛くて仕方ない。ベッドに臥《ふ》せってばかりの調子が悪い日がしばらく続きました。

友人に波動療法をしている方がいて、診てもらったところ、全身最悪の状態でした。波動が低すぎといいますか、脳の血管がいつ切れても、心筋梗塞《しんきんこうそく》になってもおかしくない。「これはギリギリだったね」といわれたのです。

でも、脳についてはMRIを取りましたし、心臓も心電図をはかって調べていて、おかしなところはなかった。**ただ、目には見えないエネルギーの部分が、悲鳴を上げていたのです。**本当に臓器がやられてしまう前に気づけて良かった……と思い「生活改善するっきゃない」と一念発起。食事、睡眠、運動すべてを見直しました。それ以降、ずっと身体に気を使っています。

セラピストや、目に見えない世界を扱う仕事は、気がつかないところでエネルギーバランスが乱れてしまうのかもしれません。３次元の地球においてあまり使わなかったエネルギーを使っているのでしょう。

今まで以上に身体の状態を意識する必要がありそうです。

不要なものは思い切って手放そう

すでに「風の時代」は本格化してきています。

龍とともに前進することを決めたのなら、心の奥底にずっと持っている不要な信念や思い込みは、もう捨ててしまいましょう。

「絶対にそれだけはできない」と頑なな信念を持っていたりしませんか。

手放したほうが肩の力が抜けて楽に生きていけるでしょう。

何か自分の夢を邪魔するものがあったら、「それは本当かな？」「それにこだわり続ける必要はあるかな？」と、一度考えてみてください。

自分がすべて背負う必要がなかったり、「取り越し苦労だった」ということが、意外に多いと思います。

断捨離《だんしゃり》が流行ってきてずいぶん経つと思います。
古い時代のものは不要なのです。
特に今までの思考や考え方、思い込みは新しい時代には通用しません。

実は私自身は手放すのが苦手でした。
こだわりも強いし、かなりのビビりです。
そして、何よりも変化を好まないタイプなんです。
わかっているけどやめられないことがたくさんあるのです。

その証拠に私はいつまでも会社を辞める決心がつきませんでした。
収入が途絶えるのも怖かったし、その時はやりがいのある仕事と思っていたので、
それがなくなると何もなくなってしまう気がしていたのです。会社の一員であること

から離脱するのも恐ろしかったです。所属する場所がなくなるのが怖かったのです。
そして「強制終了」がやってきました。
前述しましたように、救急車で運ばれて休職、そして退職となったのです。
今となってはなぜ手放せなかったのかが不思議なくらいです。
退職した直後から新しい展開になり、今に至っています。
あのまま会社員でいたら、今の私はありません。
その時はわかりませんでした。

手放してはじめて、手に入れることができるのです。

やりたくない仕事を辞められないと続けたり……。
好きではない人といつまでも付き合ったり……。
悪い習慣と知りつつずっと続けていたり……。

「強制終了」もいいですが、強制終了はかなり痛手を負います。
あなたは痛い思いをしたいですか？
ぜひ、自分の力で手放すことにトライしてみましょう。

手放すことができたとたん、想像を超える未来が急に姿を現すでしょう。

自分の可能性を自分で狭めないでくださいね。
あなたが「こうだったらいいな」と思うことは、たいがいできるようになります。

あなたには龍が一緒にいます。
あとは意欲的に行動するのみです。

第6章

龍トレ体験談

K・Hさん

29歳・女性・カウンセラー（元教員）

龍と出会ってから、ご縁（人脈）、タイミングがすごく良くなりました。

龍が見守って応援してくれている安心感、ワクワク感から、恐れずに何でもチャレンジできるようになりました。安定した仕事を退職し、セミナー講師として起業、間もなく電子書籍を出版予定です。

一番のミラクルは、自分よりずっと成功している人から「一緒にビジネスをしないか（手伝ってくれないか）」とお声がかかったことです。著名な著者の方、超人気講師の方々です。

たまたまにしてはできすぎているようなタイミングで、いろんなチャンスがやってきている感じです。そして、その流れに乗って、引き上げてもらっている感覚があります。

夢だったオリンピックスタッフを務めることもできて、メダリストのエネルギーをすぐ近くで感じることができました。ずっとファンだった選手がメダルを獲得する瞬間に立ち会えて、思わず涙ぐんでしまいました。全世界配信のテレビにもしっかり映ってしまいました。

R・Nさん

33歳・男性・クラフトコーラ研究家

龍に出会ってから突然人生の流れが変わりました。

何か新しいことをやりたいと考えていたところ、日本で生まれたばかりのクラフトコーラに出会い、とりあえず手探りで作ってみることに。

龍に勧められるままに作り始めたら、クラフトコーラの世界にのめり込み、コーラ作り研究の毎日になりました。

知り合いに、作ったコーラを飲んでもらったところ、商標を取ってブランド化したほうがいいと背中を押されました。

今までの自分ならそんな発想もなかったのですが、龍がいるからと思い切って決心することができました。

コーラという名前はもともとはアフリカで採れるコーラナッツという植物の種子を使用していることに由来しているため、コーラを作るならどうしても生のコーラナッツを使ったものを作りたいと思い、取扱いのありそうな業者を探しました。

しかし、日本ではなかなか手に入らない貴重な物なので、どうしても見つかりませんでした。

そんなときに奇跡が起きたのです。

コーラナッツについて調べていたところ、西アフリカの国で栽培されていることがわかりました。それを職場の先輩に何気なく話したら、コートジボワール人の知り合いがいると教えてくれたのです。

その出会いからコーラナッツをアフリカから取り寄せられることになりました。

龍と出会ってから、スピーディーに物事が進み始めたのは正直驚きです。

ありえないような奇跡が次々と起こりました。

龍が導いてくれているとしか思えません。

鎌倉から発信すること、龍との関わりがあることから「鎌倉龍神コーラ」と名付けました。

R・Sさん

50代・女性・セミナー講師

龍と出会う前は迷いが多く、悲観的に物事を考えるタイプでした。

やりたいことはいろいろあるけど、はたしてできるのだろうかと迷って行動できない状況でした。

しかし、龍と出会ってからは良いパートナーにも出会って、やりたいことを何でもできるようになりました。ほしかったものはすべて手に入り、やりたかったことを始めることができました。

そして自分にはスピリチュアル的な能力はまったくなかったと思っていたのですが、今ではすっかり開花しました。龍とともに過去世や潜在意識の深いところまでアクセスできるように。

龍に「こんな夢があるんだよね」と語りかけると、必ずチャンスがやってきます。

夢見ていたことが面白いほど叶うようになりました。

N・Mさん
50代・女性・会社経営者

ドラゴンメッセンジャーを習い始めて、私の人生は変わりました。

龍がそばにいて、その龍を感じて話ができるようになると、まず、迷いがなくなりました。今までは、自分に自信がなかったので、いつも迷っていて、何事も決めるのに時間がかかっていました。

それが龍と会話をするようになると、迷ったらすぐジャス（私の龍の名前です）に聞く、悩んだらジャスに聞く、それ以外にも、何かふと思ったらジャスと話している。そんなふうになりました。

私が、ドラゴンメッセンジャーを習いたいと思ったのは、ビジネス（会社を起こして起業しています）のパートナーとしての絶対の信頼を置ける相手がほしかったからです。

その点、龍は「最強のビジネスパートナー」です。

ジャスと出会ってから、ものすごい勢いで、私のビジネスの人生が動き始めました。会社に必要と思っていた営業許可も面白いほどにタイミングよくすべて取ることができました。どんどんと新しい話も舞い込んできて、予想以上の展開になってきています。

必要な人材も引き寄せてくれます。必要なタイミングで必要な方と会わせてくれます。それは、本当に不思議なくらいです。今では、ジャスのいない生活は考えられないくらいになりました。

これからも、ジャスと二人三脚で、ビジネスを成功させたいと思っています。

A・Kさん
50代・女性・パート

もともと〝龍〟という存在が好きでした。ファンタジーの世界に登場する彼らは、エネルギーにあふれ、包容力があり、知識も豊かで頼もしくて、たくさんのワクワクをくれました。

そういう子ども時代を過ごした身としては、縁あってドラゴンセラピーのセッションを受けたとき、自分も龍と会話ができたらきっと楽しいに違いないと思ったのです。

実際に受けてみて意外だと感じたのは、それまで自分の内面からの声、あるいは妄想だと思っていたものの多くが、実は龍からのメッセージだったということ。すると、龍は身近な存在で、意識すればいつでもそばにいるんだと感じることができました。

講座の期間中はずっと龍の存在を感じながら積極的に話しかける毎日を過ごしていましたが、とても心穏やかで安心感に包まれていたように思います。掃除や洗濯、ご飯を作るときにも、龍が肩越しにこちらをのぞき込んだり、すぐ近くをゆったりと飛んでいたりするイメージがよぎって、くすぐったいようなうれしさが心地よかったです。そんな日々は、これまでの何気ない風景の中にも、さまざまな〝目に見えない存在たち〟からのメッセージがあふれていることを気づかせてもくれました。

それらは、本当に小さくて些細《ささい》で、注意深くないと見逃してしまうようなことばかりで、アニメや映画に出てくるように印象的でド派手なことはほとんどありません。もちろん、講座を受けてすぐに気づけたわけでもない。龍とのコミュニケーションを取りやすくするためにいろいろな浄化や調整をしていただいたし、宿題もありました。特に浄化は、自分の中の〝闇〟の部分――見たくなかった嫌なところを見せつけられる可能性もあり、ただただきれいにしてもらう、というものではないのです。

すべては、自分の意志。

浄化されようと思うのも、龍とコミュニケーションをとろうと思うのも。

だから、龍とのコミュニケーションを重ねるにつれて〝自分〟が明確になっていきました。

講座中にはこの世での〝お役目〟のようなものも示してもらえましたが、それは、それまでの自分の人生の中で馴染《なじ》みのないものもありました。

そこで、「本当は自分はどうしたいのか」を改めて考えさせられたのです。

龍は本当に素敵な相棒です。エネルギーにあふれ、包容力があり、知識も豊かで。

けれどこの、自分の進みたい道――つまりは目標をはっきり持っていないと、龍だってどこへ連れていったらいいのか、どんな知識を教えたらいいのかわかりません。ただ漫然と生きているだけだったら、龍は単なる〝お友達〟でしかなく〝相棒〟ではない。

ぶっちゃけますと、最初はそれでいいと軽い気持ちで受けましたが、龍と触れ合ううちにその考えは変わっていきました（もしかすると、実際そうなることを潜在意識のほうではわかっていたのかもしれないと、ふと思うこともあります）。

Y・Fさん
50代・女性・現場監督

私は、以前から龍にとても興味があり、ゆりあさんとのご縁がつながる前から、龍体文字を書いていたり、霊視をしてもらったときに、龍がついていると言われてきました。

そんなある日、ゆりあさんのアメブロの記事にたどり着いて、龍のお話し会に参加をしました。

「龍と話せる人がいるんだ！」と少し驚きました。

お話し会では、龍さんたちがこれからはこんな世の中になるよとか、こんな感覚になるよというお話が展開されていました。

その話そのものにも大変興味がありましたが、ドラゴンメッセンジャーというのが、どんなものなのかが一番気になりました。「気になること＝必要なこと」だと解釈する私には、ドラゴンメッセンジャーを学んでいくのだなとしか思えませんでした。

学び始めたドラゴンメッセンジャーは、私にとって絶対的に必要でした。

私は小学生の頃から、周りの友達とは違う思考を持っていて、感覚的にいろいろなことを感じる体質でした。

本来の自分を生きると、仲間外れになっていく状況があり、しかたなくもう一人の自分の思考で集団生活を送っていました。

30歳ぐらいまではその状態で働き、生活をしてきました。

30歳を過ぎると、人生にもいろいろな転機が訪れ、本当の自分の思考を出していかないと、いよいよ苦しくなるときが来ました。一度にすべてを変えていくことはできませんが、本来の自分というものを少しずつ取り戻して生きていく生活が始まりました。

そして、50歳になったときに、私は自分の使命を思い出しました。

本来、龍と関わりが深いことにも気づき、龍たちの言葉を理解し伝えられるようになれたら、どんなに楽しいだろうかと。それがドラゴンメッセンジャーを学ぼうと思った理由です。

実際に学びだしたら楽しくなり、龍たちとお話をたくさんするようになりました。仕事のことについても、夫婦のことにしても、晩御飯のおかずについても（!）。

これからも、龍たちとたくさん話をして、スピーディーに自分の決めてきた人生をまっすぐに進んでいきます。

おわりに

風の時代を龍と一緒に前進しよう!

最後まで読んでいただいて、ありがとうございます。

龍とはラブラブになれましたか?
毎日を龍とともに楽しく過ごしていますか?

私自身もこの本を書くことになって、龍との関係を見直してみました。
今では、龍は私のビジネスパートナーなので、仕事をしている時は常に一緒です。
そして親友でありマブダチなのでプライベートの話もします。
龍と会話をしない日はありません。

家族、親友、同僚など、すべての役をこなしてもらっています。


実は秘密の癒やしスペースがあるのですが、そこでおしゃべりしています。

温泉とかスパで、どうでもいいことをしゃべる女子会のイメージですね。

ただ、そんな時に新しい時代の情報がスパっと飛んできたりするのです。

油断も隙《すき》もありません。


基本的に龍との付き合いはエキサイティングです。


龍と出会う前も友人と温泉はよく行っていました。

そのときももちろん楽しかったのですが、話す内容は旦那のこと、仕事の話ばかりでした。想像の通り、基本的には愚痴ですね。

別に旦那が嫌いなわけではないし、仕事が嫌いなわけでもないのに、なぜか文句ばかり言ってました。

「ストレスがたまる」

「何かいいことないかな?」

そんなセリフが多かった気がします。

十分に恵まれた環境だったのですが、その中で不満を探していたのです。

同じようなことをしている方も多いのではないでしょうか?

龍に愚痴を言うこともありますが、そのままで終わるケースは絶対ありません。

「その不満は何があれば満足になるの?」

「その問題を解決する方法は何?」

それらが明確になると、龍のミラクルパワーで問題はたちまちなくなってしまうのです。龍と一緒にいると問題はなくなっていきますが、課題はどんどんやってきます。

新しい時代を前進するためには、立ち止まっている暇はないのです。

だから、ハードスケジュールです。

龍と会話ができるようになると、毎日を何となく過ごすというのは難しくなるかもしれません。いい意味でいろんなことが起きてきます。


風の時代を龍と一緒に前進しようとしているのですから仕方ないですね。

ひとつの夢が叶うと次の夢が生まれます。

どんどん新しいことにトライしたくなります。


2024年は辰年です。

ドラゴンイヤーなので、1年中、お祭りをしようと計画しています。

ドラゴンメッセンジャーさんたちや講座の受講生さんたちの夢を全部叶えてしまう予定です。

風の時代となり、龍も私もなかなか忙しい日々を送っています。

まるでテレビの情報番組のように新しい情報を受け取り、必要なところへ伝えています。それは私の役割でもあり、龍の通訳としての使命。

「龍とおしゃべりしてみたい」と思う方は、私と同じような使命を持っているのかもしれません。

龍と一緒なら、どんな夢も叶えるしかないと思っています。
夢を叶えることもイベントで盛り上がることも、すべて私たちの成長の過程です。
龍とともに夢を叶えてどんどん成長する必要があるのです。

そうすると、何が起きるのでしょうか？
私たちのエネルギーで地球が元気にエネルギッシュになるのです。
そして、その地球のエネルギーは宇宙に影響します。
私たち一人一人が夢を叶えることがどれだけ大切か、おわかりいただけたでしょうか？

龍はそのために私たちの近くにいてくれるのです。
私たちが夢を叶えて幸せになることで龍も幸せになります。
そして、その連鎖が宇宙につながっていくのです。
とても素敵なことだと思いませんか。

誰でも龍とおしゃべりができるようになる。
私はそのための協力は惜しみません。
これからも龍のメッセージを伝え続けます。
龍とともに夢を叶えて、さらに壮大な夢を叶えていきましょう！

２０２１年秋

橋爪ゆりあ

【著者プロフィール】
橋爪ゆりあ（はしづめ・ゆりあ）
龍の通訳者としてメッセージを伝えるドラゴンメッセンジャー®
龍からのメッセージを受け取り、そのエネルギーを使ってブロックを解放したり、必要なヒーリングを行うドラゴンセラピスト®としても活動中。
江の島の龍のイベントに参加したのをきっかけに、それまでまったく縁のなかったスピリチュアルの世界へ飛び込み、戸惑いながらも見えない世界へと導かれていく。「龍に縁がある」と複数のセラピストに言われ、自覚のないままセラピストへの道を歩み始める。セラピストデビューした最初の2か月間で100名のモニターセッションを行い、急激にスピリチュアル能力が開花。当時の師匠とともに龍セラピストの養成や宇宙ツアーの開催を行う。
その後独立し、個人セッションを中心に活動。累計4000人以上のクライアントの龍とコミュニケーションを取り、アドバイスを伝える。新しく開発したメソッドを元に養成講座を行い、ドラゴンメッセンジャー、ドラゴンセラピストを多数育成する。育成したドラゴンメッセンジャーは40名以上、龍コミュニケーション講座においては90%以上の人が龍と会話ができるようになる。
現在は「龍活レボリューション講座」をメインに活動中。多くの人が龍と作戦会議を行い、人生が大きく変わっていくことに感動する日々のなか、“新たな時代を軽やかに前進する”をモットーに、龍とともに受講生のサポートをしている。

公式ブログ
https://ameblo.jp/koronyan004/

誰でも龍とおしゃべりできる龍トレ

2021年11月6日　初版発行
2021年11月18日　2刷発行

著　者　橋爪ゆりあ
発行者　太田　宏
発行所　フォレスト出版株式会社
〒162-0824 東京都新宿区揚場町2-18　白宝ビル5F
電話　03-5229-5750（営業）
03-5229-5757（編集）
URL　http://www.forestpub.co.jp

印刷・製本　日経印刷株式会社

ISBN978-4-86680-148-3　Printed in Japan

『誰でも龍とおしゃべりできる龍トレ』

購入者限定無料プレゼント

4000人を指導した
日本一のドラゴンメッセンジャーである著者が
龍からこっそり聞いたひそひそ話を初公開！

※読者のみなさんだけにお伝えします。

本書を
お読みくださった
みなさんに、
スペシャル動画を
プレゼント！

龍に聞いてみた!!
シリーズ

その1
夢を叶えるために必要なお金を
「宇宙銀行」から引き出す方法

その2
あなたの行動をブロックしている
○○を龍に頼んで手放す方法

その3
あなたの前世を龍と旅する
「前世ツアー」の方法

※動画ファイルはWeb上で公開するものであり、CD・DVDなどをお送りするものではありません。
※上記特別プレゼントのご提供は予告なく終了となる場合がございます。あらかじめご了承ください。

▼読者プレゼントを入手するには
こちらへアクセスしてください

http://frstp.jp/ryu